마음정리 자아발견(영과 혼과 몸)

마음의 신비

김경환 지음

마음의 신비

초판1쇄 : 2019년 10월 30일

지은이 : 김경환
펴낸이 : 채주희
펴낸곳 : 엘맨출판사
등록번호 : 제13-1562호(1985.10.29.)
등록된곳 : 서울시 마포구 신수동 448-6
전화 : (02)323-4060,6401-7004
팩스 : (02)323-6416
이메일 : elman1985@hanmail.net
www.elman.kr
isbn : 978-89-5515-663-8 03230
삽화 : 원어성서원 클립아트 발췌

값 13,000 원

마음정리 자아발견 (영과 혼과 몸)

마음의 신비

행복은

마음을 비우고, 버리고, 씻고, 닦은 자의 것이다.

김경환 지음

글로벌 마음연수원
Global Mind Training Center

엘맨
하나님의 사랑을 만들어 가는 ELMAN

참 마음

옷은 빨아 입었고

몸은 물로 씻었으니

마음만 닦으면 모두가 다 깨끗하리라. (히 10:22)

맘맹 탈출

컴퓨터 못하면 컴맹

핸드폰 못하면 폰맹

마음을 모르면 맘맹

마음연수원 사역목적

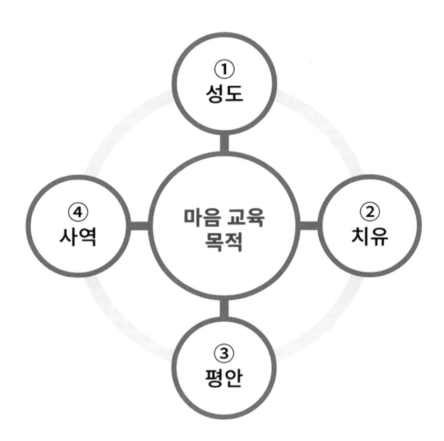

머리말

　세상 모든 만물의 중심은 사람이다. 그리고 사람의 중심은 마음이요 마음의 중심은 혼이며 혼의 중심은 육과 영적세계이다. 그러므로 사람의 중심인 자기마음을 잘 아는 것은 매우 중요하다. 사람은 그 마음속에 어떤 생각을 품고 사느냐에 따라서 행복하기도하고 또는 불행하기도 한 것이다. 그래서 사람들은 태어나면서부터 세상에서 생존하며 살아가기 위하여 많은 지식을 취하려고 배우고 연구하며 일생동안 많은 수고들을 하는 것이다. 그러나 지나고 보면 세상에서 많이 배우고 많이 가졌다고 해서 꼭 행복한 것은 절대 아니다. 오히려 그런 것 때문에 자기의 정체성을 잃어버리고 거짓에 속아 일생 불행하게 살다가 안개와 같이 사라지는 허망한 삶을 많이 볼 수 있다.

　가까운 마트에 가서 물건을 사면 거기에는 가공할 때 들어간 재료와 사용방법들이 자세하게 기록되어 있다. 그래서 소비자들은 그 정보를 보고 구매를 한다. 그리고 사용하여 편리한 유익을 얻게 되는 것이다. 그러나 천하보다 귀하다고 하는 사람들은 자기의 마음과 자아에 대하여는 일생동안 아무지식과 정보가 없이 열심히 살려고만 하기 때문에 우리는 세상에서 어려운일들을 많이 만들어서 더 힘들게 살고있는 것이다. 다시 말하면 훈련을 받아 프로가 되어야 하는데 일평생 아마추어로 세상을 살다가 끝이 나는 것이다.

그래서 마음연수원에서는 천지 만물을 창조하신 조물주께서 진리를 통해 사람에 관하여 영과 혼과 마음 그리고 몸에 대하여 자세하게 기록하시고 우리에게 깨닫도록 하셨기에 이것들을 도형 그림으로 제작하여 자세히 설명하며 전하고자 하는 것이다. 많은 사람들이 자기와 자기의 마음을 먼저 잘 정리를 하고 자기자아를 찾아서 내가 어디서 왔으며 왜 이 세상을 살아야 하는지 또 어떻게 살아야 하는지 나의 마지막 미래에는 어떻게 될 것인지를 미리 배워서 잘 알고 살아간다면 이는 자기의 인생 여정속에서 일생동안 기쁨과 평안으로 행복을 누리며 참 가치있는 인생을 살아가게 될 것이다. 마지막으로 제 1권을 출간하게 된 것을 나의 하나님 아버지께 감사를 드리며 기도해 주신 동역자 분들과 지인들께 감사를 드립니다.

마음연수원 원장 김경환 목사

목 차

영혼의 **쉼터**

하나님이여 !

사슴이

시냇물을 찾기에 갈급(渴急)함 같이

내 영혼(靈魂)이

주(主)를 찾기에 갈급하니이다 (시42:1)

(갈급한 자만이 자기의 참 모습을 발견하게 된다.)

제 1 장

.
.
.

마음정리

자아발견 기초

1. 자기의 마음을 보라.

이 세상 모든 만물들의 중심은 하나님의 형상으로 지음을 받은 사람들이다. 그리고 사람의 중심은 곧 사람마음이 중심인 것이다. 그러므로 사람들의 마음은 참으로 아주 중요하다. 그 이유는 사람들의 마음이 어떠한가에 따라서 세상과 환경이 변화가 되기 때문이다. 악한 생각을 가지고 살아가면 항상 나에게 돌아오는 것은 매우 참기가 어려운 고통들이 될 것이고, 선한 생각을 가지고 살아간다면, 나에게 돌아오는 것은 칭찬과 좋은 일들이 될 것이다. 그러므로 우리들은 자신의 마음부터 먼저 잘 살피고 헤아릴 줄을 알아야 할 것이다. 그러나 사람들은 자기 자신의 눈에 있는 들보는 보지 못하고 남들의 눈에 있는 티는 잘 보고 지적을 하는 것이다. 그래서 이제 여기에서 마음연수 훈련을 받는 것은 내 자신의 마음속에 있는 악한 생각들을 깨닫고 모두 깨끗이 비우고 버리는 훈련이다. 그러나 사람들의 몸에는 육신의 본능적인 욕구들이 잠재하고 있으며 이 본능적인 욕구들이 오늘 나를 위하는 것 같지만 사실은 알고 보면 나를 파멸로 인도하는 가장 큰 장애물인 것이다. 많은 사람들이 서로가 각자 자기가 원하는 욕구들을 충족하려고 하기 때문에 일어나는 일들을 보면 첫째 불안과 불만 그리고 불평과 원망 다툼으로 갈등을 하는 것이다. 그러므로 만물보다 거짓되고 부패한 나 자신의 마음을 깨닫지 못하면 스스로 자기 자신에게 속고 평생을 살아가게 되는 것이다. 마음연수원 훈련을 통해서 자신의 내 면 세계를 잘 알고 마음속을 깨끗이 비우고 버려서 에덴에서 잃어버린 내 마음속의 아름다운 낙원을 다시 회복해야 할 것이다.

"귀 있는 자(者)는 성령(聖靈)이
교회(教會)들에게 하시는 말씀을 들을지어다.
이기는 그에게는 내가 하나님의 낙원(樂園)에 있는
생명(生命)나무의 과실(果實)을 주어 먹게 하리라."

(계2:7)

2. 자기마음을 정리하라.

하나님께서 사람들에게는 참으로 놀라운 지혜와 능력들을 주셨다. 그러므로 첨단 과학 문명으로 수억 만리 먼 곳에 있는 사람과 대화를 하고, 또 공중을 새가 날아다니듯이 우주 공간을 날아다닌다. 참으로 놀라운 일이다. 사람들이 원하면 무엇이 든 지 다 만들어서 평안한 삶을 누리며 살아가고 있는 것이다. 그러나 이런 일들을 자세히 살펴보면 모두 사람들 육신의 몸에 있는 본능적인 욕구들을 위해서 만들어진 것을 알 수 있다. 그래서 사람들 육체의 몸은 평안함을 누리는데, 반면에 사람들의 마음속 내 면 세상은 시간이 가면 갈수록 더 악해지고 정서적으로 황폐하여져서 사람과 사람 사이에 따뜻한 사랑을 주고받지 못하는 것을 볼 수가 있다. 나아가서 사람보다는 애완동물들을 더 가까이 하고 사람을 멀리하는 것이다. 그러므로 사람들과 관계에서는 많은 불만들을 품고 살아가는 세상이 되었다. 그래서 사람들은 자기 마음속 내면의 세상을 모르기 때문에 조그마한 사소한 일에도 참고 인내하지 못하고 급히 분노 하며 마침내 극단적인 일 까지도 행하는 것들을 볼 수가 있다.

가까운 시장이나 마트에 가서 필요한 물건을 사면 거기에는 반드시 가공할 때 들어간 재원과 사용설명서가 들어 있다. 그러므로 사용하는 사람들은 그 사용설명서를 읽어보고 사용을 하면 어떤 제품이든지 잘 사용할 수가 있다. 이와 같이 우리 사람들의 마음도 사용설명서가 있어야 한다. 그러나 사람들은 일평생을 살면서 마음에 관한 아무런 정보를 가지고 있지 못해서 그냥 마음속에서 나오는 악한 생각들을 가지고 자기가 원하는 대로 살아가고 있는 것이다. 그러므로 사람들은 행복해야 할 가정과 직장 사회가 많은 갈등으로 고통을 받는 것이다. 마음연수원 훈련으로 이 혼돈 가운데 있는 마음을 잘 정리하여 죄로 인한 사망의 길과, 의로 인한 생명의 길을 알고 둘 중 하나를 택하여서 영원한 생명으로 행복해야만 할 것이다.

> "마음을 배우고 깨달아서 살아가면 생명 길이 되나,
> 살아보고 마음을 깨달으면 고통의 길이 되리라"

3. 참 자아를 찾으라.

세상 모든 만물들은 본능적으로 먹고, 종족을 번식하고 살다가 마지막에는 죽어서 다시 흙으로 돌아가는 것이다. 이것은 사람이나 짐승들이나 식물들이나 모두 동일 한 것으로 그들에게는 아주 소중한 일생인 것이다. 그래서 물질로 되어 있는 육체의 몸을 위하여 모두가 먹이 사슬에 메어 살게 된다. 그러나 사람은 모든 동식물과 같이 육적인 존재이면서도 또한 천사와 같이 영적인 존재인 것이다. 그래서 사람은 짐승들과 같이 본능적인 육체를 위해서 살아 갈 것인가, 아니면, 천사들과 같이 영혼을 위해서 살아 갈 것인가, 하는 갈등을 하게 되는 것이다. 세상을 돌아보면 모든 사람들이 참 자아를 찾지 못하고 짐승과 같이 육체의 본능적인 욕구를 위해서 살아가며, 본능적인 욕구를 위해서 하나님을 믿는 것을 보게 된다. 참으로 이런 것은 참 자아를 찾지 못하여서 거짓 것에 속아서 생기는 어리석은 일인 것이다. 사람은 육체의 물질 생명을 취해야 하지만 이보다 먼저 영혼의 생명을 하나님께 받아야 하는 것이다. 그래서 사람은 짐승과 같이 육체의 몸을 위해서 사는 것이 아니라. 참 나인 나의 혼을 위해서 하나님께 영적인 생명을 받기 위하여 일 하는 자가 되어야 하는 것이다. 그러므로 마음연수원 훈련을 통해서 몸과 마음과 그리고 혼과 영에 관해서 자세하게 알고, 참 자아를 위해서 살아가는 자가 되어야 할 것이다,

"이 백성(百姓)들의 마음이 완악(頑惡)하여져서
그 귀는 듣기에 둔하고 눈은 감았으니
이는 눈으로 보고 귀로 듣고 마음으로 깨달아
돌이켜
내게 고침을 받을까 두려워함이라 하였느니라."
(마 13:15)

(1) 과거 현재 미래의 자아 발견

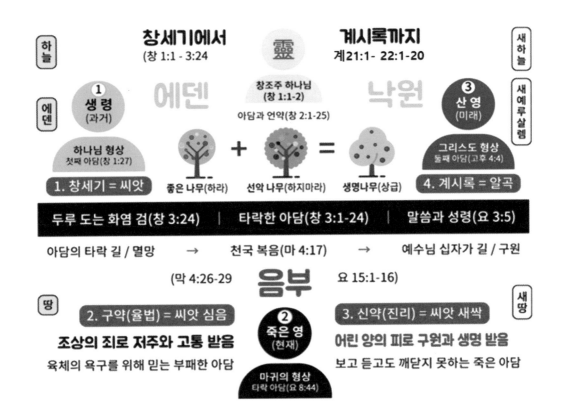

인류에게 주는 최고의 기쁜 소식(Good news)

이때부터 예수께서 비로소 전파(傳播)하여 가라사대

회개(悔改)하라 천국(天國)이 가까웠느니라

하시더라 (마4:17)

세상의 모든 만물들은 첫째 먹고, 둘째 새끼 낳고, 마지막은 죽어 흙으로 돌아가는 것이다. 이것은 조물주께서 정하여 주신 진리의 법칙이다. 그러나 영적존재인 사람은 하나님의 형상으로 지음을 받아 에덴동산에서(낙원) 만물을 정복하고 다스리며 주인으로 살아가야 하는 존재인 것이다. 그러나 뱀의 말을 듣고 하나님과의 언약을 지키지 못한 아담과 하와는 죄를 범하였으므로 쫓겨나 음부에서 마귀의 형상으로 마귀의 자녀가 되어 살아가고 있다. 이것이 지금 우리들의 타락한 모습이다. 그러므로 하나님이 아들을 보내셔서 십자가에 죽으심으로 죄를 사함 받게 하셨고 그 피로 은혜를 입은 자들이 그리스도의 형상으로 회복되어 둘째 아담인 그리스도와 같이 순종으로 하나님과의 언약을 잘 지키는 자가 되게 하신 것이다.

1. 도형그림 1번에 대한 설명

성경은 계1:8 이제도 계시고 전에도 계셨고 장차 오실이라고 그리스도를 소개하면서 알파와 오메가 즉 처음과 나중이시라는 것이다. 그 말씀의 뜻은 우리는 이제(현재)만 알고 있지만 하나님은 과거 현재 미래를 모두 다 아신다는 것이다. 그러므로 하나님을 믿는 자들은 성경을 통해서 과거 현재 미래의 내 모습을 다 볼 수가 있어야 할 것이다. 지금 현재만 보고 과거와 미래를 보지 못한다면 만물 중에 있는 짐승과 다를 바가 없고 영적존재인 사람이 될 수 없는 것이다. 그러므로 나는 누구인지, 왜 살아야 하는지, 어떻게 살아야 하는지, 미래에는 어떻게 될 것인지를 확실하고 자세하게 알고 복잡한 자기의 마음을 잘 정리해야만 할 것이다.

도형그림 요약 설명.(막4:26-29)

	선악과 나무(아담과 율법)		십자가와 그리스도	생명나무(예수와 진리)	
1	창세기=씨앗	율법=씨앗을 심음		진리=씨앗의 새싹	계시록=알곡추수
2	하늘 땅(창1:1)	하늘 땅(사65:17)		하늘 땅(마5:3. 5)	하늘 땅(계21:1)
3	에덴동산(창2:8)	가나안 땅(출3:8)		XJ 안(고후5:17)	새예루살렘(계21:2)
4	아담 하나님형상 (창1:26)	아담 마귀형상 (요8:44)		새사람 그리스도 형상 (갈4:19)	그리스도 하나님 형상 (고후4:4)
5	언약: 못 지킨 아담	율법: 안 지킨 아담		진리: 잘 지키는 자	영생: 상속 받을 자
6	복:은혜, 충만 정복 (창1:28)	복: 순종, 물질의 복 (신28:1-14)		복: 하늘 신령한 복 (마5:3-10)	복 : 성에 들어감 (계22:14)
	하나님과 원수 되는 육신의 생각(롬8:7)			하나님의 아들 되는 영적 생각(마5:9)	

또 이르시되 하나님의 나라는 사람이 씨를 땅에 뿌림과 같으니

그가 밤낮 자고 깨고 하는 중에 씨가 나서 자라되

어떻게 그리 되는지를 알지 못하느니라

땅이 스스로 열매를 맺되 처음에는 싹이요 다음에는 이삭이요

그 다음에는 이삭에 충실한 곡식이라

열매가 익으면 곧 낫을 대나니 이는 추수 때가 이르렀음이라

(막 4:16- 29)

(2) 마음속에 숨겨진 생명의 비밀

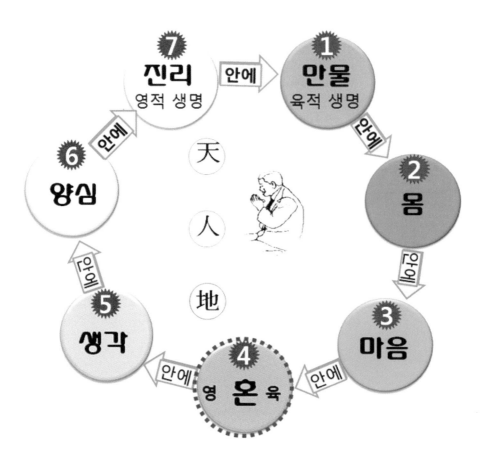

누구든지 사람을 자랑하지 말라

만물이 다 너희 것임이라

바울이나 아볼로나 게바나 세계나 생명이나 사망이나

지금 것이나 장래 것이나 다 너희의 것이요

너희는 그리스도의 것이요

그리스도는 하나님의 것이니라 (고전3:21-23)

도형 2. 마음속 생명의 비밀 도움말

세상의 모든 만물들은 첫째 먹고 둘째 새끼 낳고 마지막은 죽어 흙으로 돌아가는데 모두 물질로 된 육체의 몸을 가지고 있기 때문에 본능적으로 만물 가운데서 물질의 생명을 취해야 살아 갈수 있다. 그러므로 강육약식(強肉弱食)의 법칙이 생태계에 형성되어 죽이고 죽는 현실 속에 살아간다. 그러므로 육체의 생명이 되는 물질을 위해서는 모두가 목숨을 걸고 싸우는 것을 볼 수 있다. 그러나 영적존재인 사람들은 물질을 쫓는 것이 아니라. 모든 만물의 생명에 주인이 되시는 참 진리의 조물주(롬 1:25) 하나님을 찾아서 만나 서로 소통을 하는 것이다. 그러므로 사람이 영적인 존재로 지음을 받은 것은 영이신 조물주와 의사소통이 되어서 그분에게 순종함으로 생명을 받아서 찬송과 영광을 돌려 드리는 기업이 되게 하신 것이다 (눅 5:1-11).

생명 주관자	생명의 류형	생명받는 법	기 타
하나님(성부)	물질 생명 신28:1-14	행함(율법) 마19:20	기 타
예수님(성자)	영적 생명 요5:24, 6:63	순종(진리) 요14:6	기 타
성령님(성령)	영생 생명 마25:31-46	섬김(사랑) 요일3:14	기 타

조물주(롬1:25)는 모든 만물들의 생명에 주인이시다. 그러므로 모든 피조물들은 하나님께서 물질에 생명을 주셔야만 살아갈 수가 있는 것이다. 그러나 사람은 영적인 존재이므로 만물들과 같이 물질의 생명도 받아야 하고 천사와 같이 영적인 생명도 받아야 하는 것이다. 생명이 있으면 아름답고 평안하지만 생명이 없으면 많은 고통이 따라오게 되는 것이다. 그래서 모든 만물들은 생명을 찾아 방황하며 싸우고 또 죽이고 죽는 것이다. 그러나 영적 존재인 사람은 다르다. 육체를 위해 물질을 좇지 않고, 진리 하나님을 만나 하나가 되면 모든 만물들의 주인이 되는 것이다 (고전 3:21-23).

 그러므로 사람은 조물주(롬 1:25) 하나님께 생명을 받아내는 법을 알면 근심 염려 두려움 그리고 불평 원망 다툼 미워함 분노 싸움들을 모두 버리게 되고 하나님 계명대로 하나님을 사랑하고 이웃을 사랑하는 평화의 낙원이 이루어지는 것이다. 생명을 받아내는 법은 위에 있는 도표와 같이 천지 만물안에는 사람의 몸이 있고 사람의 몸 안에는 마음이 있고 그 마음안에는 혼이 있으며 그 혼안에는 생각이 있고 그 생각 안에는 선한 양심으로 진리의 하나님을 만나면 그 진리의 하나님 안에 모든 만물들이 들어 있는 것이다. 그러므로 영적존재인 사람은 물질을 따라가는 것이 아니라 내 영혼이 진리의 하나님을 만나면 모든 만물의 주인이 되는 것이다. (시 1:1-4)

(3) 치유 받아야 할 4가지 질병

대아16:12. 마5:4. 마15:28. 출15:26.

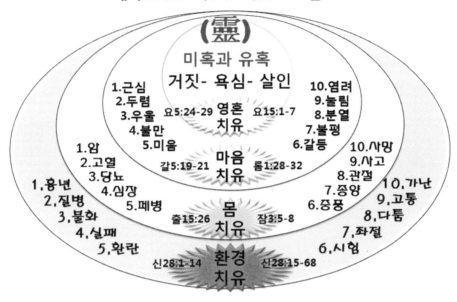

(영) – 1.육신(肉身)의 생각은
사망(死亡)이요 영(靈)의 생각은 생명(生命)과 평안(平安)이니라(롬8:6)

(마음) – 2.마음에서 나오는 것은
악(惡)한 생각과 살인(殺人)과 간음(姦淫)과 음란(淫亂)과 도적(盜賊)질과
거짓 증거(證據)와 훼방(毁謗)이니(마15:19)

(몸) – 3.육체(몸)의 일은 현저(顯著)하니
곧 음행(淫行)과 더러운 것과 호색(好色)과 우상(偶像) 숭배(崇拜)와 술수(術數)와 원수(怨讐)를
맺는 것과 분쟁과 시기(猜忌)와 분냄과 당 짓는 것과 분리함과 이단(異端)과 투기와 술 취함과
방탕함과 또 그와 같은 것들이라 전(前)에 너희에게 경계(警戒)한것 같이 경계(警戒)하노니
이런 일을 하는 자(者)들은 하나님의 나라를 유업(遺業)으로 받지 못할 것이요(갈5:19–21)

(환경) – 4.너희가
많이 뿌릴지라도 수입이 적으며 먹을지라도 배부르지 못하며
마실지라도 흡족(洽足)하지 못하며 입어도 따뜻하지 못하며 일군이 삯을 받아도
그것을 구멍 뚫어진 전대(纏袋)에 넣음이 되느니라(학1:6)

세상의 모든 만물들은 첫째 먹고 둘째 새끼 낳고 마지막은 죽어 흙으로 돌아가는데 모두 물질로 된 육체의 몸을 가지고 있기 때문에 생존하며 살기 위한 삶속에서 많은 어려운 여러가지 고통들이 따라오게 된다. 이런 어려운 고통들은 모두가 성경은 생명의 근원이 되시는 조물주를 떠난 죄 때문에 일어나는 결과라고 가르친다. 그러므로 나에게 힘이 들고 고통스러운 것들은 모두가 병(病) 곧 질병이라고 볼 수 있다. 이는 모두가 생명을 공급 받지 못하는 죄로 인한 결과 들인 것이다 (요 15:7).

여러 가지 질병들의 분류

첫째, 환경으로 오는 고통. 가난과 흉년 재해 불화 사건 사고

둘째, (육) 몸에 오는 고통. 각종 다양한 질병들

셋째, 마음으로 오는 고통. 근심 염려 두려움 우울증 정신분열, 불만 불평 원망

넷째, 영적으로 오는 고통. 거짓된 마귀 영에 속아 스스로 고통을 자초하는 거짓 것들,

이런 문제들을 해결하기 위해서는 온전히 거짓과 죄를 깨닫고 참 진리를 찾아서 생명을 주시는 조물주께로 돌아가면 이 모든 문제들은 다 쉽게 해결이 되는 것이다. 우리가 세상 삶속에서 받는 고통들은 영적인 생명과 물질적인 육체의 생명이 없어서 생기는 것이다. 그러므로 먼저 진리로 영적생명을 받아내는 법을 알면 모든 문제들은 쉽게 깨끗이 치유를 받아 항상 행복한 삶을 누리며 살아 가게 될 것이다 (요 15:16).

포도나무 비유 (요15:1-16)

나는 참포도나무요 내 아버지는 농부라 무릇 내게 붙어 있어 열매를
맺지 아니하는 가지는 아버지께서 그것을 제거해 버리시고
무릇 열매를 맺는 가지는 더 열매를 맺게 하려 하여 그것을 깨끗하게
하시느니라 너희는 내가 일러준 말로 이미 깨끗하여졌으니
내 안에 거하라 나도 너희 안에 거하리라 가지가 포도나무에 붙어 있지 아니하면
스스로 열매를 맺을 수 없음 같이 너희도 내 안에 있지 아니하면 그러하리라
나는 포도나무요 너희는 가지라 그가 내 안에, 내가 그 안에 거하면 사람이 열매를
많이 맺나니 나를 떠나서는 너희가 아무 것도 할 수 없음이라
사람이 내 안에 거하지 아니하면 가지처럼 밖에 버려져 마르나니 사람들이
그것을 모아다가 불에 던져 사르느니라
너희가 내 안에 거하고 내 말이 너희 안에 거하면 무엇이든지
원하는 대로 구하라 그리하면 이루리라 (요 15:1-7).

붙어 있는 가지

떨어져 있는 가지

마음속 돋보기 10(經)

1. 등잔 밑은 항상 어두워서 보지 못하는 법이다.

2. 열길 물속은 잘 알아도 한 길 사람 속은 모른다.

3. 남의 잘못은 잘 판단해도 자기의 잘못은 모른다.

4. 산속도둑 열 놈은 잡아도 내속 한 놈은 못 잡는다.

5. 나라 경영은 잘 해도 자기의 마음에 경영은 어렵다

6. 남들이 나를 힘들게 함이 아니라 내가 힘들게 한다.

7. 남이 나를 속이는 것이 아니라 내가 스스로 속는다.

8. 마음이 더러우면 이 세상 모든 것이 더럽게 된다.

9. 자기가 악하면 모든 사람이 자기의 원수가 된다.

10. 마음을 씻으면 세상이 낙원으로 변화가 된다.

제 1 장 시험 문제풀이

제   기 성명 :＿＿＿＿＿＿＿＿＿＿＿＿＿＿＿   1문제 : 20점 점수   점

1. 누구를 위하여 만물들을 만드셨는가 말해 보세요.(창1:28-29)

＿＿＿＿＿＿＿＿＿＿＿＿＿＿＿＿＿＿＿＿＿＿＿＿＿＿＿＿＿＿＿＿

＿＿＿＿＿＿＿＿＿＿＿＿＿＿＿＿＿＿＿＿＿＿＿＿＿＿＿＿＿＿＿＿

2. 아담은 누구를 위하여 지으셨는가 말해 보세요.(사43:7. 21)

＿＿＿＿＿＿＿＿＿＿＿＿＿＿＿＿＿＿＿＿＿＿＿＿＿＿＿＿＿＿＿＿

＿＿＿＿＿＿＿＿＿＿＿＿＿＿＿＿＿＿＿＿＿＿＿＿＿＿＿＿＿＿＿＿

3. 사람이 이 세상에 살아야 하는 목적을 기록하시오 (전12:13)

＿＿＿＿＿＿＿＿＿＿＿＿＿＿＿＿＿＿＿＿＿＿＿＿＿＿＿＿＿＿＿＿

＿＿＿＿＿＿＿＿＿＿＿＿＿＿＿＿＿＿＿＿＿＿＿＿＿＿＿＿＿＿＿＿

4. 우리의 몸은 어디 안에서 생명을 받을 수 있는가? (창1:29)

＿＿＿＿＿＿＿＿＿＿＿＿＿＿＿＿＿＿＿＿＿＿＿＿＿＿＿＿＿＿＿＿

＿＿＿＿＿＿＿＿＿＿＿＿＿＿＿＿＿＿＿＿＿＿＿＿＿＿＿＿＿＿＿＿

5. 성경은 나에게 무엇을 말씀하고 있는지 기록 하시오(막4:26-29)

＿＿＿＿＿＿＿＿＿＿＿＿＿＿＿＿＿＿＿＿＿＿＿＿＿＿＿＿＿＿＿＿

＿＿＿＿＿＿＿＿＿＿＿＿＿＿＿＿＿＿＿＿＿＿＿＿＿＿＿＿＿＿＿＿

1. 조상의 뿌리로 찾는 창조주 하나님

위의 그림을 보면서 내가 잘 아는 나의 부모님부터 시작해서 조상님들을 아는데 까지 기록해 보세요. 그리고 족보를 가지고 나의 시조 조상님까지 내가 몇 대 째 인지 찾아보세요. 그리고 그 이상 우리가 모르는 비밀들은 성경에서 찾아보세요. 성경은 우리들에게 이 비밀을 아주 자세하게 가르쳐 주십니다. 즉 우리는 노아의 후손이고 또 최초 사람 아담의 후손이며 창조주 하나님이 나를 지으신 것을 발견하게 됩니다. 그러면 타락한 내모습 즉 만물보다 거짓되고 부패한 내 마음을 보게 됩니다.(렘17:9-10) 그리고 환란과 고통을 받는 저주 아래서 잘 살아 볼려고 몸부림치는 불상한 내 삶이 보이게 됩니다. 결과는 헛되고 헛된 것들 뿐입니다.(전1:2) 그래서 우리는 먼저 내 마음을 잘 알고 아름답게 가꾸어야 에덴에서 잃어버린 나와 내 가정의 행복을 회복 할 수 있는 것입니다.

"하나님은 안계시는 것이 아니라 나만 모르고 있을 뿐이다".

마음으로 마음을

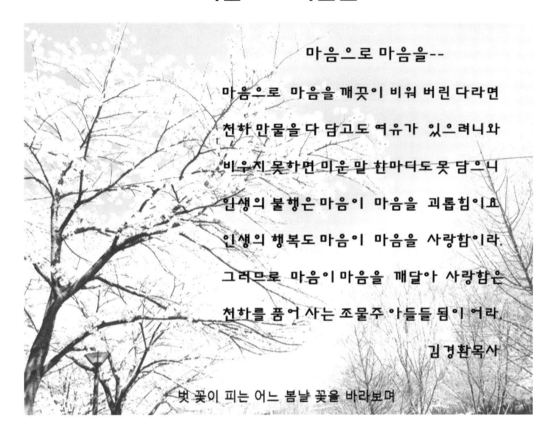

마음으로 마음을--

마음으로 마음을 깨끗이 비워 버린다라면

천하 만물을 다 담고도 여유가 있으려니와

비우지 못하면 미운 말 한마디도 못 담으니

인생의 불행은 마음이 마음을 괴롭힘이요

인생의 행복도 마음이 마음을 사랑함이라.

그러므로 마음이 마음을 깨달아 사랑함은

천하를 품어 사는 조물주 아들들 됨이어라.

김경환목사

벗 꽃이 피는 어느 봄날 꽃을 바라보며

네 보물 있는 그 곳에는 네 마음도 있느니라 (마6;21)

나를 괴롭히는 자

부패한 마음은 가난을 재촉하는 앞잡이요

조급한 마음은 불화를 초대하는 안내자라

미련한 마음은 질병을 찾아 다니는 바보며

교만한 마음은 욕을 먹이는 어리석은 자라

그러나 **참 마음은** 낙원을 이루는 친구로다.
생명나무

제2장

사람 구조와

기능 분해도

1. 사람 (人)

[히] אָדָם(adam), אִישׁ(ish), אֱנוֹשׁ(nosh)

[그] ἄυθρωπος(anthropos), ἀνήρ(ener)

[영] Man, Woman   사람: 남자, 여자.

(4) 사람구조와 기능의 근본 – 성경

주(主)께서

내 장부를 지으시며

나의 모태(母胎)에서 나를 조직하셨나이다.

내가 주(主)께 감사(感謝)하옴은 나를 지으심이 신묘 막측(神妙莫測)하심이라

주(主)의 행사(行事)가 기이(奇異)함을 내 영혼(靈魂)이 잘 아나이다.

내가 은밀(隱密)한 데서 지음을 받고 땅의 깊은 곳에서

기이(奇異)하게 지음을 받은 때에 나의 형체가 주(主)의 앞에

숨기우지 못하였나이다(시139:13-15).

우리가 편리하게 이용하는 자동차는 약 2만 여개의 부품으로 조립을 하여 완성차가 된다고 한다. 그와 같이 우리 사람도 약 60-100조개의 세포들로 구성이 되어 있다. 그리고 사람은 짐승들과 달리 영이 있는 영적인 존재로 되어있다. 그래서 창2:7 영과 육으로 이 분설를 말하고, 살전 5:23 영과 혼과 몸으로 삼 분설을 말하고 있다. 그러나 히4:12-13 에는 4번 도형과 같이 다섯 가지가 더 추가 된 것을 볼수 있다. 그러므로 우리는 여기서 어떤 학설이나 학문보다도 사람의 구조와 각 기능들을 깊이 잘 이해하고 깨달아서 육체의 본능적인 옛 사람의 욕구들과 싸워서 이기고 하나님의 거룩하신 형상을 회복하는데 초점을 맞추어야 할 것이다.

① "하나님의 말씀은 살아있고" : 하늘과 땅을 창조하신 조물주는 영존하시는 분이시다. 그러므로 그분의 말씀은 지금도 살아 있다. 그러나 죽은 자 들에게는 소용이 없고 산 자들에게만 들리고 보이며 믿어지게 되는 것이니 죽은자가 산자가 되어야 하리라.

② "하나님의 말씀은 운동력이 있다" : 두 사람이 전화를 하면서 서로 다투기도 하고 또는 어떤 업무를 처리하기도 하는데 이는 그 말속에 뜻이 있고 그 뜻은 사람을 움직이게 하는 것이다. 그러므로 하나님 말씀도 사람을 움직이게 하시는 것이다.

③ "좌우에 날선 검" : 좌우에 날선 검이란 칼이 하는 두 가지의 일을 말하는 것이다. 하나는 사람을 살리기 위해서 사용되는 것을 말하는데 예를 든다면 병든 자를 수술하거나 음식의 재료들을 자르는 일이 되겠고, 또 하나는 자기 생명을 지키기 위해서 적군과 싸우면서 상대를 죽이는 것을 말 한다. 그러므로 칼은 좌우에 날이 서 있는데 여기서는 하나님의 말씀을 칼에다가 비유로 말씀하신 것이다.

④ "예리하다" : (헬. 토모테로스) 보다도 더 예리하다. 아주 칼날이 서릿발 같이 날카롭게 서있는 것을 말씀 한다. 그러나 그 말씀의 의미는 세상에 모든 것들을 모두 들어내서 다 보이고 알게 하는 것을 말씀하는데 사실 하나님은 우리의 마음에 품고 있는 생각과 뜻을 다 알고 계시다는 것이다. 그러므로 사람은 보이지 않은 하나님 앞에서 정직하다면 보이는 사람들 앞에서도 정직하여 모든 사람들에게 인정을 받게 될 것이다.

여호와는 죽이기도 하시고 살리기도 하시며
스올에 내리게도 하시고 거기에서 올리기도 하시는도다
여호와는 가난하게도 하시고 부하게도 하시며
낮추기도 하시고 높이기도 하시는도다
가난한 자를 진토에서 일으키시며 빈궁한 자를 거름더미에서
올리사 귀족들과 함께 앉게 하시며 영광의 자리를 차지하게 하시는도다
땅의 기둥들은 여호와의 것이라 여호와께서
세계를 그것들 위에 세우셨도다

(삼상 2:6-8)

(5) 사람구조 영혼과 몸의 도형

(이분설 창2:7. 삼분설 살전5:23)

여호와 하나님이

흙으로 사람을 지으시고

생기(生氣)를 그 코에 불어 넣으시니

사람이 생령(生靈)이 된지라(창2:7)

평강(平康)의 하나님이

친(親)히 너희로 온전(穩全)히 거룩하게 하시고

또 너희 온 영(靈)과 혼(魂)과 몸이

우리 주(主) 예수 그리스도 강림(降臨)하실 때에

흠 없게 보전(保全)되기를 원(願)하노라(살전5:23)

나는 용인 정신병원에서 약 6년 동안 사역을 한 적이 있다. 그때부터 사람들의 마음에 관해서 관심을 갖게 되었고 마음에 대하여 오랜 기간 동안 연구를 했지만 모든 종교와 서적에서는 사람의 생각을 마음이라 표현하고 있었다. 그래서 고심하던 중에 성경에서 사람의 몸과 마음과 혼과 영에 관해서 세밀하게 정리가 잘되어 있는 것을 발견하고 이것을 도형 그림으로 그리기 시작했다. 그 과정에서 수 많은 도형들을 그렸다가 버리고, 다시 그리기를 반복하면서 위의 5번 도형과 같은 그림으로 정리하게 되었다. 사람의 몸과 마음과 혼과 영을 도형 그림으로 그려서 사람의 모든 부분들을 눈으로 보며 쉽게 이해 할 수 있어서 이 도면을 주신 하나님께 진심으로 감사를 드립니다. 그러나 많은 사람들이 아직까지 사람의 영과 혼과 몸과 마음에 관해서 잘 이해를 하지 못하고 생소하게 여기고 있는 것 같습니다. 그래서 등잔 밑이 어둡다는 속담처럼 모두가 하나님의 말씀을 많이 듣고 보고 배워도 마음속에서는 항상 답답함을 느끼며 우리의 삶 속에서 하나님의 말씀을 순종하는 행동으로 이어지지 못하고 하나님을 열심히 믿어도 하나님께 생명을 받지 못하는 것이다.

사람의 가장 기본 바탕이 되는 몸과 마음과 혼 그리고 영에 관해서 아주 기초적인 것들을 한가지씩 이해하고 풀어가야 할 것이다. 사람의 구조와 조직에 관한 신비한 부분들을 깊이 깨닫고 짐승들과 같이 육체의 몸을 위해서 살아가는 것이 아니라, 영적인 세계를 깊이 깨달아서 사람다운 영적사람으로 살아가야 할 것이다. 그래야 천하 만물들을 정복하고 다스리며 행복한 세상을 다시 회복해서 아름다운 낙원의 삶을 누리게 될 것이다. 그러나 이 세상의 현실을 보면 사람의 생각과 뜻 그리고 마음에 관해서는 많은 지식과 학문으로 정리가 잘되어 있는 듯하다. 그러나 한 차원 좀 더 깊이 들어가서 혼과 영적인 부분에 가서 보면 누구도 쉽게 자신감을 가지고 말할 수 있는 종교나 또는 사람을 찾아 보기는 매우 어렵다. 사람들이 혼과 영에 관해서 말들은 많이 하지만 현실적으로 보면 하나도 기초가 바로 정리가 되지 못한 가운데 하나로 통일이 되어 있지 못하다. 그러므로 모든 종교와 학자들이 각자 서로 다른 자기들의 이론으로 자기 주장들을 하고 있는 것이 현실이다. 그러므로 가장 공신력이 있는 창조주 하나님의 계시적 말씀인 성경을 근본으로 하여서 이 문제들을 확실하고 자세하게 정리를 하려고 했습니다. 누구나 거울 앞에서 자기의 모습을 보고 고치듯이 자기 몸과 마음과 혼과 영을 보고 잘 다듬어서 하나님께 쓰임을 받는 성도가 되도록 해야 할 것이다.

◆ 마음속 돋보기 10(經)

1. 등잔 밑은 항상 어두워서 보지 못하는 법이다.
2. 열 길 물속은 잘 알아도 한 길 사람 속은 모른다.
3. 남의 잘못은 잘 판단해도 자기의 잘못은 모른다.
4. 산속 도둑 열 놈은 잡아도 내 속 한 놈은 못 잡는다.
5. 나라 경영은 잘 해도 자기의 마음에 경영은 어렵다.
6. 남들이 나를 힘들게 함이 아니라 내가 힘들게 한다.
7. 남이 나를 속이는 것이 아니라 내가 스스로 속는다.
8. 마음이 더러우면 이 세상 모든 것이 더럽게 된다.
9. 자기가 악하면 모든 사람이 자기의 원수가 된다.
10. 마음을 씻으면 세상이 낙원으로 변화가 된다.

사람의 구조와 기능

1.영. 2.혼. 3.몸. 4.마음

(6) 사람구조와 기능의 도형

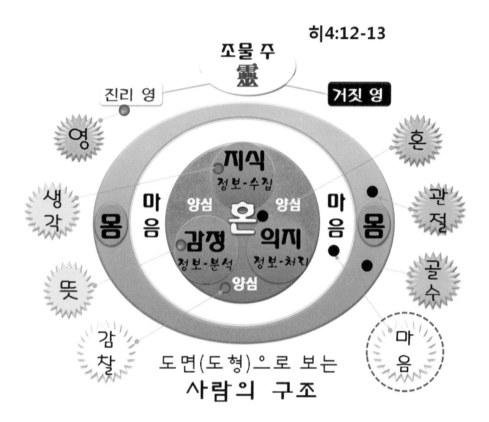

도면(도형)으로 보는
사람의 구조

하나님의 말씀은

살았고

운동력이 있어

좌우(左右)에 날선 어떤 검보다도 예리(銳利)하여

혼과 영(靈)과 및 관절과 골수를 찔러 쪼개기까지 하며

또 마음의 생각과 뜻을 감찰하나니

지으신 것이 하나라도 그 앞에 나타나지 않음이 없고

오직 만물(萬物)이 우리를 상관하시는 자(者)의 눈앞에

벌거벗은 것 같이 드러나느니라. (히4:12-13)

집을 지을 때 제일 먼저 도면을 그리고 도면대로 바닥 기초와 골격을 세운 후에 지붕을 하고 안과 밖을 마감하는데 사람도 보면 그와 같다. 성경에서 보면 먼저 흙으로 사람을 몸과 마음과 혼을 짓고 생기를 코에 불어 넣었다.(창2:7) 그래서 영과 육으로 이 분설로 되어있고 살전 5:23에서는 영과 혼과 몸으로 삼 분설을 말하며 히4:12-13에서는 영과 혼과 몸(관절과 골수) 그리고 마음(생각과 뜻 감찰) 네 가지로 분류하는 것을 볼 수 있다. 이것을 사람 도형 그림에 연결을 해서 그림으로 쉽게 이해하도록 하였다. 조물주께서는 직접 모든 만물과 사람을 지으셨기 때문에 참으로 우리에게 영과 혼과 마음과 몸 그리고 생각과 뜻 양심까지도 아주 자세하고 세밀하게 성경 계시를 통해서 우리에게 자세히 알려 주고 계신 것이다.

이 세상에서 마음에 관해 많이들 이야기를 한다. 그리고 여러 종교단체에서도 마음에 관해서 많은 관심을 가지고 묵상도하고 명상도하며 수련을 하는데 사실은 알고 보면 마음에 관해서는 정확하게 잘 모르는 것 같다. 사람의 생각들을 마음이라고 표현하면서 마음수련, 마음공부, 마음학교, 마음훈련, 마음명상들을 하는 것을 볼 수 있다. 그러나 성경에서는 마음과 생각은 전혀 다르게 가르치고 있다.

마음연수원에서는 위의 도형과 같이 사람의 여러 기능들이 독립되어서 각자 자기의 특성을 가지고 일을 하면서 서로 상호간에 협력하여 일을 한다. 예를 든다면 사람의 몸에는 손과 발 눈과 귀 입과 코등이 있는데 각자가 하는 일들이 서로 다 다르다. 또 자동차나 가전제품들도 모든 부품들이 서로 다 이와 같이 다른 것이다. 이 같이 사람의 몸과 마음 혼과 영 그리고 생각과 양심등도 다 서로 다르지만 어떤 일을 할 때에는 여러 부분이 모여 하나가 되어 일을 하게 되는 것이다.

자기 마음에 눈이 밝으면
온 몸이 밝을 것이라.(마6:22)

(7) 사람구조와 기능 요약설명

 영은 사람에게 지식을 주어 창의적 생각으로 살아가게 한다.

 혼은 사람의 의식 기관으로서 정보 수집 분석 처리를 한다.

 관절과 골수는 육체의 몸으로서 마음의 지시대로 행동한다.

 마음은 사람의 몸 안에서 혼을 담아 보호하는 그릇과 같다.

 생각은 사람의 혼 속에 기능들이 가지고 있는 지식들이다.

 뜻은 사람 혼 속에 기능들이 가지고 있는 지식의 내용이다.

 감찰은 사람의 혼 속에 양심을 말하며 생각들을 판단한다.

사람의 근본 조직에 대한 명칭들

첫째 : 영(spirit) = 진리의 조물주 영. 피조 된 천사들과 거짓된 마귀 사단의 영

둘째 : 혼(soul) = 지식. 감정. 의지의 생각과 양심 뜻 기능들을 가진 의식기관

셋째 : 몸(body) = 지체와 60~100조개의 세포 조직으로 본능적인 욕구의 기관

넷째 : 마음(mind)= 마음은 그릇과 같고 또 심고 거들 수 있는 밭과 같은 것이다.

사람은 위의 내용과 같이 근본적으로 이 네 가지 구조로 되어 있다. 그러므로 이 네 가지의 기능들을 잘 이해하고 또 서로의 협력과 호환관계들을 잘 깨달아야 한다. 사람이 음식물을 섭취하면 소화가 되어서 에너지(생명)는 몸으로 나머지는 배설물로 버려지는데 똑같이 우리가 받아들이는 지식들도 우리의 내 면속에 들어와서 이해와 깨달음과 터득의 과정을 거쳐야 그 지식들이 우리의 영혼에 생명이 될 수 있는 것이다.

도형 7. 사람구조와 기능들의 요약 도움말

성경에서 보면 사람들의 몸과 마음과 혼과 영에 대하여 많이 언급하며 생각과 양심 그리고 뜻을 말하면서 그것들의 표정과 상태까지도 자세히 설명을 하고 있다. 특히 세상 사람들은 표현하기를 하루에 오만가지 생각을 한다고 말을 한다.

그래서 사람의 혼과 영에 관해서는 모두가 잘 모르고 있기 때문에 많은 종교와 그리고 학자들은 대체로 이 생각들을 마음이라고 표현을 한다. 그러나 성경은 사람의 각 부분들이(몸, 마음, 혼, 영) 하는 기능과 역할들이 모두가 각각 다르다. 그러므로 이것을 세부적으로 분석해 볼 필요가 있다. 그리고 각각 그 특성과 성질을 가지고 일 하는 그 하나하나의 독립된 기관으로서 그 기능과 하는 역할들을 잘 이해하는 것은 참으로 매우 중요하다.

그 이유는 우리가 세부적으로 모르기 때문에 자기가 자기 자신에게 속고 살아가기 때문이다. 예를 들면 선남선녀가 서로 사랑해서 만나 결혼을 하고 가정을 이루었으면 진정으로 행복해야 하는데 갈등하고 다투며 불행하게 살아가는 일들과, 자녀를 낳아서 힘들게 기르고 가르쳐서 그 자녀에게 대접은 고사하고 푸대접을 받는 일들이 그런 예라고 볼 수가 있다. 분명히 자녀들은 부모님의 은혜를 입었기 때문에 부모님을 공경해야 한다는 것은 알고 있다. 그러나 공경을 하기 보다는 부모를 거역하게 되는데 이것은 사실 거짓된 자기 자신에게 속고 사는 것이다. 그러므로 우리 속에 내재하고 있는 그 거짓된 원인을 찾아서 해결하는 것이 이 훈련의 가장 큰 목적이 되는 것이다.

영과 혼과 몸 그리고 마음의 상호관계

사람의 각 기능들이 서로 협력(호환) 하는 관계를 잘 이해하면 우리의 거짓된 내면을 쉽게 비우고 버리고 씻고 닦아서 성경에서 말하는 거듭난 새 사람이 될 수 있을 것이다. 그러나 이것은 우리가 지식으로만 안다고 되는 것은 결코 아니다. 첫째는 알아야하고 다음은 하나님의 은혜가 입혀져야 하기 때문이다. 이것은 중급반에서 더 세부적으로 다루기로 하고 여기에서는 간략하게 소개만 합니다.

제 2 장 시험 문제풀이

제   기 성명 : _____   1문제 : 20점 <u>점수</u>   점

1. 사람을 이분 또는 삼분설로 설명해 보시오(창2:7, 살존5:23).

_____

_____

2. 사람의 조직과 기능의 여덟 가지를 기록해 보시오(히4:12-13).

_____

_____

3. 사람 마음속에서 나오는 일곱 가지 생각을 말해 보시오(마15:19).

_____

_____

4. 사람 혼속에는 몇가지 기능들이 있는지 말해 보시오(도형 6번 참조).

_____

_____

5. 사람의 영혼이란 무엇인지 자세히 설멸해 보시오(도형 6번 참조).

_____

_____

제3장

. . .

사람 몸의 기능

분해도

2.몸(身)

[히] בָּשָׂר (basar) 구약에 12가지가 있다.

[그] σῶμα soma {so'-mah}
유래; '신체' (건강한 총체로서),
육 적으로. 몸,종 <마 6:22; 고전 12:12;

[영] body 몸

몸(身) – 마음(心) – 혼(魂)

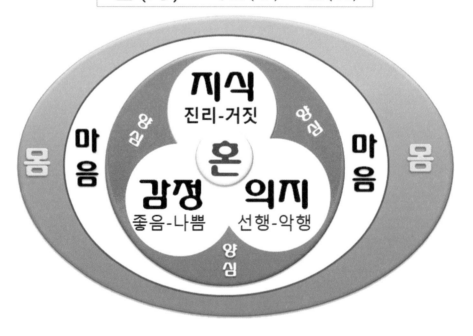

육체의 본능적 욕구 : 삼욕, 오감, 삼 정, 3 단계

-불안과 불만 악의 쓴 뿌리-

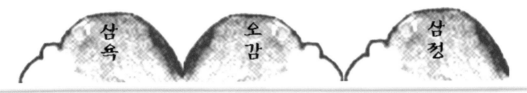

	(1). 3 욕(욕구)	(2). 5 감(호감)	(3). 3 정(욕심)
1	생리적인 욕구	미각(미감)	육신의 정욕(욕심)
2	생존적인 욕구	후각(후감)	안목의 정욕(욕심)
3	이성적인 욕구	촉각(촉감)	이생의 자랑(욕심)
4		청각(청감)	
5		시각(시감)	

네가 이것을 알라

말세(末世)에 고통(苦痛)하는 때가 이르리니
사람들은 자기(自己)를 사랑하며 돈을 사랑하며 자긍(自矜)하며
교만(驕慢)하며 훼방(毁謗)하며 부모(父母)를 거역(拒逆)하며
감사(感謝)치 아니하며 거룩하지 아니하며 무정(無情)하며
원통(冤痛)함을 풀지 아니하며
참소(讒訴)하며 절제(節制)하지 못하며 사나우며
선(善)한 것을 좋아 아니하며 배반(背叛)하여 팔며
조급(躁急)하며 자고(自高)하며 쾌락(快樂)을 사랑하기를
하나님 사랑하는 것보다 더하며
경건(敬虔)의 모양(貌樣)은 있으나
경건(敬虔)의 능력(能力)은 부인(否認)하는 자(者)니
이 같은 자(者)들에게서 네가 돌아서라 (딤후3:1-5)

조물주 하나님께서 창조하신 것을 보면 영적인 세계와 육적인 물질계 세상으로 나누어 볼 수 있다. 그러므로 천사들은 몸은 없고 영만 존재하기 때문에 물질이 필요 없다. 그리고 모든 동식물들은 몸만 있고 영이 없다. 그래서 모든 동식물 들은 생존을 위해 반드시 물질이 필요한 것이다. 그러나 사람은 천사와 같이 영도 있고 또 동물과 같이 몸도 있는 것이다. 그래서 사람들은 하나님을 믿어도 쉽게 물질계 세상을 벗어 나지 못하고 육체의 몸을 위해서 하나님을 믿게 되는 것이다.

그러나 성경은 육적인 짐승과 같이 육체의 몸을 위해 살 것이냐 아니면 영적인 하나님의 아들로 살아갈 것이냐 둘 중에 하나만 택하라 하는 것이다. 그래서 사람들은 마음이 혼돈하여 갈등하면서 자기육체의 몸을 위해 자기가 섬길 신을 숭배하게 되는 것이다. 그래서 속이는 자 사단은 짐승과 같이 육체의 몸을 위해 살아가도록 사람을 미혹하고 유혹하여 하나님께 죄를 범하게 한다. 그러나 하나님은 하나님의 진리의 말씀을 듣고 순종하는 아들이 되어라. 그러면 만물을 다 너희에게 주어 주인으로 영원히 죽지 않고 함께 살도록 하여 주신다는 것을 하나님께서 성경으로 우리에게 계시를 하여 주신 것이다.

그러나 사람들은 이미 짐승과 같이 육체의 몸을 입고 육체를 위해 사는 짐승과 같이 되어 있다. 그래서 짐승과 같이 몸을 위해 본능적인 욕구를 가지고 살아가는데 위의 도표와 같이 삼욕, 오감, 삼정 세 단계가 있는 것이다. 그러므로 사람들은 이 본능적인 욕구로 인한 욕심을 채우려고 모두가 몸부림을 치지만 결론적으로는 원하는 대로 욕구를 다 채울 수가 없는 것이다. 그 원인은 사람은 자기의 형상이 없기 때문에 다 채워도 마음이 공허한 것이다. 그래서 항상 물질로는 많이 있어도 불안한 감을 갖게 되고 대인 관계에서는 경쟁상대이기 때문에 불만이 생겨서 서로 갈등하며 다투고 싸우게 되는 것이다.

사람은 영적인 존재이다. 그러므로 사람은 하나님의 형상을 회복해야 육체의 욕구와 물질의 불안과 대인 관계의 불만이 모두 사라지게 되는 것이다.

(8) 사람 몸의 본능적 욕구 3욕

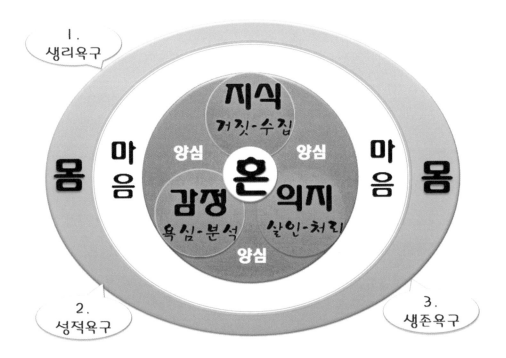

1. -인간 본능 단계-

만물(萬物)보다 거짓되고

심(甚)히 부패(腐敗)한 것은 마음이라

누가 능(能)히 이를 알리요 마는

나 여호와는 심장(心腸)을 살피며 폐부(肺腑)를 시험(試驗)하고

각각(各各) 그 행위(行爲)와 그 행실(行實)대로 보응(報應)하나니(렘17:9-10).

속에서

곧 사람의 마음에서 나오는 것은 악(惡)한 생각

곧 음란(淫亂)과 도적(盜賊)질과 살인(殺人)과

간음(姦淫)과 탐욕(貪慾)과 악독(惡毒)과 속임과

음탕(淫蕩)과 흘기는 눈과 훼방(毀謗)과 교만(驕慢)과 광패(狂悖)니

이 모든 악(惡)한 것이 다 속에서 나와서 사람을 더럽게 하느니라 (막7:21-23).

성경의 기록을 보면 조물주께서 하늘과 땅을 창조하시고 모든 만물을 지으셨다. 그리고 에덴동산을 창설하셔서 최초 사람 아담이 살아갈 수 있는 환경을 만들어 주신 것을 볼 수가 있다. 그리고 하나님은 천사를 영만 있고 몸(육)이 없는 영적인 존재로 지으시고, 짐승들은 영은 없고 몸(육)만 있는 육적인 존재로 지으셨다. 그러나 사람은 짐승과 같은 육체의 몸을 가진 육적 존재이면서 천사와 같은 영적인 존재로 지으셔서 조물주이신 하나님과 영적인 소통을 하도록 지으신 것이다. 그러나 사람육체의 몸에는 60-100조개의 세포로 조직되어 있어서 모든 만물들과 그리고 짐승들 같이 본능적으로 매일 물질의 생명(energy)을 공급받아야 한다. 그러므로 물질로 지음 받은 모든 만물들은 본능적인 욕구들을 가지고 살아간다.

사람의 몸에는 세 가지의 본능적인 욕구가 있다. 짐승들에게도 세 가지 욕구가 있다. 여기서 본능적 욕구라는 것은 누가 가르쳐 주지 않아도 생존하기 위해 스스로 행하는 것으로서 예를 든다면 아기가 태어나자마자 어미의 젖을 빨아먹는 것 들을 말한다. 조물주이신 하나님께서 짐승들에게는 생육하고 번성하여 땅에 충만 하라. 하셨고 (창1:22) 사람들에게도 짐승과 같이 생육하고 번성하여 땅에 충만 하라. 말씀하시면서 특별히 사람 아담에게는 정복하고 다스리라는 복을 더 주신 것이다.(창1:28)

1. 육체의 본능적인 욕구

　　첫째 : 생리적인 욕구/ 먹고 배설하며 잠을 자고 휴식을 취하는 기초적인 것.
　　둘째 : 이성적인 욕구/ 태어날 때부터 정해진 것으로 성장하면서 짝 찾는 일.
　　셋째 : 생존적인 욕구/ 생명의 위험과 보호를 위해 추위와 더위 질병을 피함.

세상 자연의(본능적 욕구) 이치는 모든 생명의 법칙을 가지고 있다. 그러므로 이 땅에 태어나면 본능적으로 먹이 사슬의 질서에 참여를 해야 하는데 여기에서 자기가 원하는 욕구가 충족되지 못하면 첫째 불안하고 둘째 불만을 가지게 되어서 불평 원망 다툼 그리고 싸움으로 죽음에 까지 이르게 되는 것이다. 그러므로 이런 일들을 분노, 화 등으로 자기를 보호하는 방법과 수단으로 표현을 하고 있는 것이다.

그러나 알고 보면 분노와 화는 근본적으로 나를 보호하는 수단이 될 수 없다는 것을 깨닫게 될 것이며 제2권에 가서 자세히 다루게 될 것이다. 우리가 하나님을 믿는 것은 영적인 일인 것이다. 이 영적인 신앙생활을 가장 크게 방해하는 것을 성경은 사람의 본능적인 욕구를 말하며 이는 하나님과의 원수가 된다고 가르치고 있다.(롬8:7) 그러므로 사자 성어에 보면 지피지기(知彼知己)면 백전백승(百戰百勝)이라고 말하는데, 사실 사람들도 보면 자기가 자기에게 속고 사는 것을 볼 수가 있다. 예를 들면 에덴동산안에서 하와가 뱀의 말을 듣고 선악과 열매를 따 먹은 것을 그 예로 들 수가 있는 것이다.

여호와는 마음이 상한 자에게 가까이 하시고
중심에 통회하는 자를 구원하시는도다 (시 34:18)

선한 말은 꿀송이 같아서 마음에 달고
뼈에 양약이 되느니라 (잠 16:24)

마음의 즐거움은 얼굴을 빛나게 하여도
마음의 근심은 심령을 상하게 하느니라. (잠 15:13)

마음의 즐거움은 양약이라도 심령의
근심은 뼈로 마르게 하느니라. (잠 17:22)

(9) 사람 몸의 본능적 욕구 5감

(시각. 청각 사6:10) (촉각. 신28:29) (후각. 고후2:15-16) (미각 욥6:30)

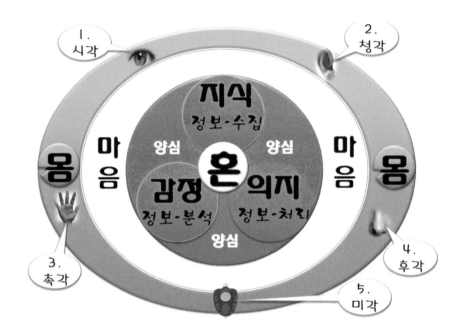

2. -호감 단계-

이 백성(百姓)들의 마음이 완악(頑惡)하여져서
그 귀는 듣기에 둔하고 눈은 감았으니
이는 눈으로 보고 귀로 듣고 마음으로 깨달아
돌이켜 내게 고침을 받을까 두려워함이라 하였느니라(마13:15)

우리는

구원(救援) 얻는 자(者)들에게나 망(亡)하는 자(者)들에게나
하나님 앞에서 그리스도의 향기(香氣)니
이 사람에게는 사망(死亡)으로 좇아 사망(死亡)에 이르는 냄새요
저 사람에게는 생명(生命)으로 좇아 생명(生命)에 이르는 냄새라
누가 이것을 감당(堪當)하리요(고후2:16-17)

사람의 몸(육체)에는 60-100조개의 세포들이 있고, 이 세포들은 아이큐(IQ)가 1,000이나 된다. 이 세포들이 본능적으로 매일 물질생명(energy)을 공급 받아야 하는데 이 본능적인 욕구에는 앞에서 언급한대로 네 가지가 있다. 그리고 이 본능적인 욕구들을 충족시키기 위해서는 오감들이 이 본능적인 욕구들을 충족하기 위한 수단과 방법으로 쓰이고 있는 것이다.

이 오감은 본능적 욕구들이 충족되면 호감이 되어 그 정도에 따라서 기뻐하지만, 본능적인 욕구가 충족이 되지 못하면 첫째 불안해지고, 둘째 불만이 생기게 되어서 생존을 위한 방어와 공격을 하게 되는데 이것들이 오늘 우리들이 살아가면서 사회적으로 많이 나타나는 갈등과 다툼의(분노, 화) 근본 원인이 되는 것이다. 그러므로 삼욕, 오감, 삼정의 본능적인 욕구들을 충족해야만 한다는 이런 우리들의 편향적이고 고집스러운 생각들을 깊이 깨닫고 이 마음에 생각들을 잘 절제를 해야 할 것이다. 그리고 이런 문제를 해결하기 위해서 어려서부터 논리적으로 교육을 하여 이해를 시키고 가르친다면 우리 사회에서 많은 문제점으로 나타나는 사회적 갈등과 싸움들을 해결하여 모두가 행복하게 잘 살 수 있는 사회가 될 수 있을 것이다.

첫째 : 시각/ 본능적 욕구를 충족하기 위해 눈으로 보고 사물을 분별하여 판단함
둘째 : 청각/ 본능적 욕구충족을 위해 귀로 듣고 그 소리 뜻을 인식하여 분별 함
셋째 : 후각/ 본능적 욕구를 위하여 코로 냄새를(향기와 악취) 분별하여 판단 함
넷째 : 촉각/ 본능적 욕구를 위하여 피부로 접촉하여 차가움과 뜨거움등을 분별 함
다섯 : 미각/ 본능적 욕구를 위하여 입맛으로 단맛, 신맛, 짠맛, 쓴맛, 감칠맛 등

세상 모든 만물들이 다 그러하듯이 사람도 감각기능이 있어서 이 모든 것들을 동원하여 생

존을 위한 본능적인 욕구를 충족하려고 하는 것이다,

여기에서 우리가 이해를 해야 할 것은 이 본능적인 욕구로부터 와 지는 모든 지식들을 사람들은 생각이라고 하며 또는 이를 마음이라고도 말하는 것이다. 그리고 성경에서는 이 생각들을 육신의 정욕 또는 육신의 생각이라고 말씀하고 있는 것이다 (롬 8:6-7).

육신의 생각은 사망이요 영의 생각은 생명과 평안이니라
육신의 생각은 하나님과 원수가 되나니 이는 하나님의 법에 굴복하지
아니할 뿐 아니라 할 수도 없음이라 (롬 8:6-7)

선택해야 할 양심 생명의 길

양심(良心)

(인간의 갈등 두 마음)

빛의 길

1. 진실
2. 겸손
3. 온유

행복의 근원

불행의 원인

3. 거짓
2. 욕심
1. 미움

어둔 길

(10) 사람 몸의 본능적 욕구 3정

(창3:6. 시1:2. 마4:4-10. 요일2:16)

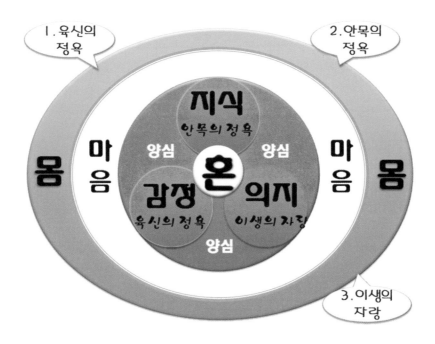

2. -욕심 단계-

여자(女子)가 그 나무를 본즉 먹음직도 하고 보암직도 하고
지혜(智慧)롭게 할 만큼 탐스럽기도 한 나무인지라
여자(女子)가 그 실과(實果)를 따먹고 자기(自己)와 함께한
남편(男便)에게도 주매 그도 먹은지라(창3:6)

이는 세상(世上)에 있는 모든 것이
육신(肉身)의 정욕(情欲)과 안목(眼目)의 정욕(情欲)과
이생의 자랑이니
다 아버지께로 좇아 온 것이 아니요 세상(世上)으로 좇아 온 것이라 (요일2:16)

사람의 본능적인 욕구 3욕과 호감단계인 5각(감)을 충족하고나면 이제는 많은 것을 소유하려는 3정, 욕심단계가 찾아오게 된다. 이 욕심은 아무리 채우고 채워도 만족 할 수가 없는 단계이다. 그러므로 사람은 일평생을 거짓에 속아서 미혹과 유혹을 쫓다가 허무하게 생애를 마치게 되는데 이런 모든 것들은 거짓된 영들이 사람들을 속여서 조물주를 떠나 죄를 범하게 하려는 것이다.

그러나 짐승들은 영이 없이 본능적으로 살아가기 때문에 사람과 같이 욕심을 부리지 않는다. 그러므로 성경은 육체의 본능적 욕구인 3욕, 5감, 3정을 깨끗이 비우고 버려서(자기부인) 그리스도와 같이 거룩한 진리의 새 사람으로 변화가 되어야함을 가르치고 있는 것이다. 그러므로 그리스도 안에 새 사람이 되면 욕심을 버리며 자기의 유익을 구하지 않고 상대를 긍휼히 여기는 마음이 생기게 되어서 성경의 말씀대로 오리를 가자하면 십리를 가주고 오른편 뺨을 치면 왼편 뺨을 돌려대며 속 옷을 가지고자 하는 자에게 겉 옷까지도 줄 수 있는 참 그리스도인이 되는 것이다. (마 5:38-42)

욕심(慾心)

1. 욕심이란 무엇인가?

  욕심은 육체의 몸이 생존하기 위한 생명의 가장 기본적인 필요 이상의 것이다.

2. 욕심은 왜 생기는가?

  사람은 영적존재이기 때문에 거짓 영에 속아 본능적 욕구가 채워져도 허전하다.

3. 육신의 정욕.

육신의 정욕이란 몸의 본능적인 욕구들을 말하는데 이는 3욕을 말하고 있다.

4. 안목의 정욕.

안목의 정욕이란 몸의 본능적 욕구를 충조하기 위한 오감(호감)단계를 말한다.

5. 이생의 자랑.

이생의 자랑이란 본능적 욕구를 충족하고 나서 남보다 높아지려는 자존감이다.

본능적 욕구의 비교 분석

성경과 메슬로우의 본능적 욕구 비교

성경의 본능적 욕구				메슬로우의 본능적 욕구	
3욕(본능)	5감(호감)	3정(욕심)	1		생리적 욕구
생리적 욕구	시각(감)	육신의 정욕	2	결핍욕구	안전. 보호 욕구
이성적 욕구	청각(감)	안목의 정욕	3		소속. 안정 욕구
생존적 욕구	후각(감)	이생의 자랑	4		존경. 인정 욕구
	미각(감)		5	성장욕구	자아실현 욕구
	촉각(감)		6	(인터넷 발취)	심미성. 지식 이해

(11) 사람 본능적 생각의 통로 3

(창3:6, 시1:1-2, 마4:1-10, 요일2:16)

복(福) 있는 사람은

악인(惡人)의 꾀를 좇지 아니하며

죄인(罪人)의 길에 서지 아니하며

오만(傲慢)한 자(者)의 자리에 앉지 아니하고

오직 여호와의 율법(律法)을 즐거워하여

그 율법(律法)을 주야(晝夜)로 묵상(默想)하는 자(者)로다 (시1:1-2)

도형 11. 육체의 본능적 생각 3길 도움말

사람의 몸에서는 본능적으로 물질에 대한 생명을(energy) 구하는 욕구가 있다는 사실을 알게 되었다. 이 본능적인 욕구에는 세 가지의 생각으로 요약 할 수가 있다. 첫째 육신의 정욕과 둘째 안목의 정욕 그리고 셋째는 이생의 자랑이다.(요일2:16) 사람의 마음이 아무리 복잡해도 이 세 가지 생각의 통로를 차단하면 마음이 무념상태가 된다.

그리고 조용한 골방이 되어 묵상하며 기도를 하기에 아주 좋은 환경이 되는 것이다.(마6:6) 그러므로 자기 마음상태를 항상 점검하고 정리를 하여서 마음을 비우고, 버리고, 씻으며, 다음은 지키고, 다스리는 것이다. 그것은 마치 자기 집 앞마당에 있는 정원을 가꾸듯이 마음에 잡초가 나지 않도록 잘 가꾸는 것과 같으며 이는 자기 마음속에 아름다운 낙원을 건설하여 행복한 삶의 생애를 살아가게 될 것이다.

사람에게는 육적인 육신의 생각과 또 짐승과 다르게 영적인 영적생각이 있음을 우리에게 성경은 가르치고 있다.(롬8:6-7) 이것은 조물주께서 사람을 육적인 존재이면서 영적인 존재로 창조하셨기 때문이다.

그러므로 사람은 짐승과 같은 육체의 사람으로 시작해서 깨닫고, 하나님과 같은 영적인 하나님의 아들들이 되는 것이 곧, 즉 오늘 우리들의 신앙 생활인 것이다. 창세기 6장에 하나님께서 사람을 지으신 것을 한탄하시고 근심하셨다.(창6:6) 말씀하시는데 이는 육체의 사람으로 모든 생각이 악하기 때문에 하나님께서 물로 심판을 하시게 되었던 것이다.

1. 육신의 정욕(자아관계)

욕구 − 욕심 − 탐심 − 거짓 − 도적 − 강도 − 살인 욕구의 진행과정

2. 안목의 정욕(물질관계)

불안 − 근심 − 염려 − 두렴 − 눌림 − 우울 − 분렬 불안의 진행과정

3. 이생의 자랑(대인관계)

불만 − 불평 − 원망 − 다툼 − 싸움 − 파당 − 멸망 불만의 진행과정

"육신(肉身)의 생각은 사망(死亡)이요

영(靈)의 생각은 생명(生命)과 평안(平安)이니라

(롬8:6)"

제   기 성명 :_____   1문제 : 20점 <u>점수</u>   점

1. 사람의 본능적인 욕구 3가지를 기록해 보시오.(도형 8번 참조)

_____

_____

2. 사람의 본능적인 호감(오감)을 기록해 보시오.(도형 9번 참조)

_____

_____

3. 사람의 본능적인 정욕 삼정을 기록해 보시오. (요일2:16)

_____

_____

4. 사람의 마음속에 생각을 2가지로 말해 보시오. (롬8:6-7)

_____

_____

5. 사람의 몸은 세포가 약 몇 개나 되는지 기록해 보시오.

_____

_____

영혼의 쉼터

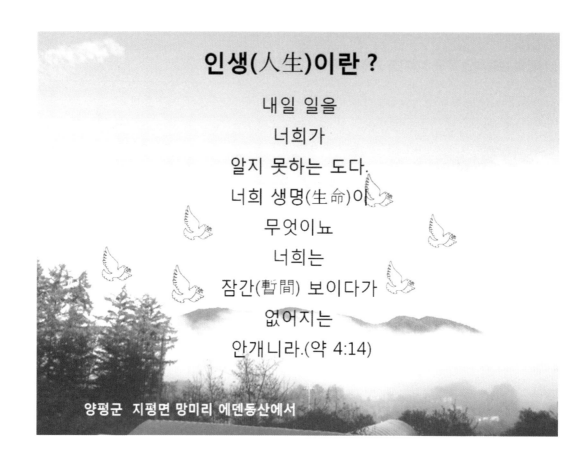

인생(人生)이란 ?

내일 일을
너희가
알지 못하는 도다.
너희 생명(生命)이
무엇이뇨
너희는
잠간(暫間) 보이다가
없어지는
안개니라.(약 4:14)

양평군 지평면 망미리 에덴동산에서

일의 결국을 다 들었으니 하나님을 경외하고
그의 명령들을 지킬지어다 이것이 모든 사람의 본분이니라
하나님은 모든 행위와 모든 은밀한 일을
선악 간에 심판하시리라

(전 12:13-14)

제 4 장

:
:
:

사람마음 기능

분해도

3. 마음(心)

[히] לֵב (leb) 생각하다, 가슴, 편안하게, 마음

[그] καρδία (kardia) 마음, 사고, 중심부

[영] Mind, Heart, 마음

몸(身) – 마음(心) – 혼(魂)

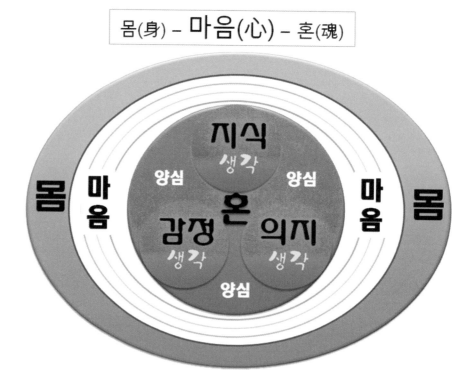

(12) 마음의 4가지 그릇 비유

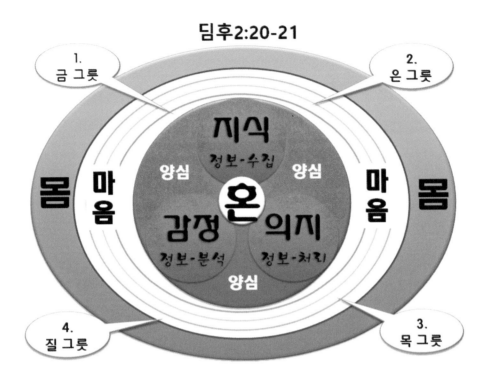

딤후2:20-21

큰 집에는

금(金)과 은(銀)의 그릇이 있을 뿐 아니요

나무와 질그릇도 있어

귀(貴)히 쓰는 것도 있고 천히 쓰는 것도 있나니

그러므로 누구든지 이런 것에서 자기(自己)를 깨끗하게 하면

귀(貴)히 쓰는 그릇이 되어

거룩하고 주인(主人)의 쓰심에 합당(合當)하며

모든 선(善)한 일에 예비(豫備)함이 되리라 (딤후2:20-21)

도형 12. 사람 마음 그릇 비유 도움말

만물의 중심은 사람이고 사람의 중심은 마음이다. 그러므로 사람들의 마음이 어떠한가에 따라서 세상이 변하게 된다. 그리고 똑 같은 환경에서도 사람들의 마음과 생각에 따라서 어떤 사람은 긍정적으로 행복하게 되기도 하고, 또 어떤 사람은 부정적으로 불행하게 되기도 하는 것이다. 그러므로 마음에 관해서 지식적으로 깊이 깨닫고 잘 이해하여 마음을 잘 관리하는 것이 매우중요하다.

성경에는 마음을 그릇으로 비유하고 있다. 그리고 그릇은 첫째 깨끗해야 하고 다음은 무엇을 담느냐가 매우 중요하다. 그릇은 모두 들어가는 것들이 나오게 된다. 그러므로 우리들의 마음에 어떤 지식들을 받아들이느냐에 따라서 그 들어간 지식이 생각으로 바뀌게 되어 그 사람 마음에 뜻이 되어서 생활 속에 삶으로 나타나게 되는 것이다.

비유로 보는 4가지 마음의 유형

1. 금 그릇 : 신앙으로 인내하며 모든 환난들을 이기고 믿음으로 살아가는 자.
2. 은 그릇 : 종교와 도의적으로 모든 시험들을 잘 참고 인내하며 살아가는 자.
3. 목 그릇 : 시험들을 잘 인내는 하지만 쉽게 상처 받고 고통으로 괴로워한다.
4. 질 그릇 : 시험을 참지 못하고 쉽게 화를 내고 자기감정을 다스리지 못한다.

이와 같은 마음의 그릇들은 모두 다듬어서 만들어야 하는 것이다. 이스라엘 민족이 광야에서 40년을 머무른 것은 그들의 교만과 악한 성격과 행위들을 다듬어서 그리스도의 성품으로 바꾸기 위한 것이고, 또 제 모양대로 생긴 싯 딤 나무(조각목)를 잘아서 다듬고 금으로 입혀서 관유를 발라 거룩하게 하여서 하나님 앞에 제사하는 기구로 사용한 것을 보듯이 우리 사람들도 타고난 악한 성격을 잘 다듬어서 그리스도의 성품으로 바뀌어야 한다.

그래서 하나님께서는 우리에게 평탄한 길도 주시지만 때로는 수많은 시련을 주셔서 그 괴로움과 고통을 통해서 자신을 돌아보고 자기 자신의 타고난 성격을 그리스도의 성품으로 다듬게 하셔서 귀하게 쓰시려고 하시는 것을 볼 수가 있다. 그래서 성경은 이 네 가지 그릇을 비유를 들어 말씀하시면서 자기를 깨끗하게 하면 주인에게 귀하게 쓰임을 받을 것이라고 말씀하시는 것이다.

(13) 마음의 4가지 좋은 땅 비유

마13:3-8

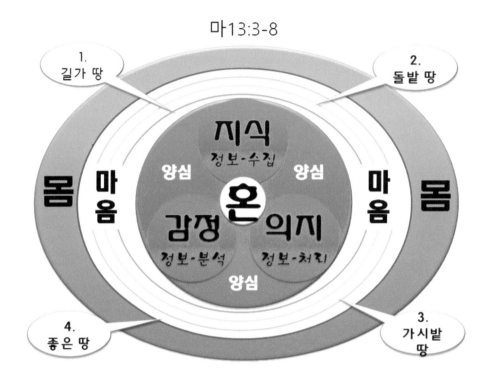

예수께서 비유(譬喩)로

여러 가지를 저희에게 말씀하여 가라사대

씨를 뿌리는 자(者)가 뿌리러 나가서 뿌릴 새

더러는 길 가에 떨어지매 새들이 와서 먹어 버렸고

더러는 흙이 얇은 돌밭에 떨어지매 흙이 깊지 아니하므로

곧 싹이 나오나 해가 돋은 후(後)에 타져서 뿌리가 없으므로 말랐고

더러는 가시떨기 위에 떨어지매 가시가 자라서 기운(氣運)을 막았고

더러는 좋은 땅에 떨어지매 혹(或) 백배, 혹(或) 육십(六十)배, 혹(或) 삼십 배의

결실(結實)을 하였느니라 (마13:3-8)

사람의 중심은 마음이다. 그리고 마음의 중심은 영혼이다. 그러므로 어렵고 힘든 이 세상을 아름답고 행복한 세상으로 바꾸려면 무엇 보다도 먼저 사람의 마음 상태를 알아야 한다. 그리고 다음은 생각의 근원이 되는 의식 세계인 영과 혼을 알고 그 뜻을 바꾸어야 한다. 중급 반에서 자세하게 다루겠지만 영과 혼과 마음의 상호 관계를 잘 알아야 하는 것이다.

사람의 영과 혼을 이해하지 못하고 생각으로 마음을 이해 하려고 하기 때문에 사람의 마음이 잘 변화가 되지 않은 것이다. 다시 말하면 마음을 바꾼다는 것은 혼 속에서 생각을 바꾸고 생각을 바꾸기 위해서는 지식을 바꾸어야 한다. 더 자세한 것은 영과 혼에 관한 것인데 이것은 다음 페이지에서 다루기로 하겠습니다.

성경은 사람의 마음을 네가지 밭(땅)으로 비유를 하고 있다.

첫째는 길가 땅이다. 둘째는 돌 자갈 밭이며, 셋째는 엉겅퀴가 난 밭이고, 네 번째는 좋은 땅이다. 이것는 사람들의 마음의 상태를 하나님의 말씀에 씨가 심겨져서 자라나는 네가지 밭으로 비유해서 언급한 것인데, 사람들은 자기에게 꼭 필요한 것에 대해서는 마음에 문이 열리고 옥토들이 되지만, 그러나 필요치 않은 것이나 자기에게 유익이 안되는 것들은 길가에 굳은 땅과 같이 되어 아무리 좋은 지식이라도 마음에서 받아들이지 못하는 것이다.

땅에 씨 뿌리는 비유 설명

마음의 상태	비유 해설
길 가에 땅	고정관념 습관을 따라 살면서 참 진리를 받아 들이지 못하는 것을 말 한다.
돌 밭에 땅	이해를 하고 기쁨으로 말씀을 받지만 살면서 격고 체험한 아픈 상처들로 인한 두려움을 말한다.
가시떨기땅	깨달아서 믿음에 뿌리를 내렸지만 연약해 유혹이나 미혹이 오면 이기지 못하고 근심 염려를 한다.
옥토 밭 땅	깨닫고 진리를 터득해서 인내로 이기며 순종하여 생명을(열매) 받아 내는 것을 말함

사람들은 각자 타고난 성격과 삶속에 환경을 통해서 만들어진 인격들이 그 사람의 성품을 대부분 형성하여 대인 관계에서 나타 내게 되는 것이다. 그래서 사람들은 성격들이 서로 각자 다르기 때문에 의견(생각) 차이가 많이 나게 되어 다툼과 갈등으로 힘든 가정문제와 사회문제가 생기게 되어 모두가 고통을 받게 되는 것이다. 그러므로 무조건 양보하는 것이 아니라 근본적인 원인을 이해 하고 깨달아야 한다. 서로가 상대방 입장에서 이해를 하려고 노력을 해야 하는 것이다.

제 4 장 시험 문제풀이

제   기 성명 : _____   1문제 : 20점 점수   점

1. 사람의 마음과 생각의 다른 점을 설멸해 보시오. (요13:2)

_____

_____

2. 사람의 마음은 밭과 같은데 네가지 밭을 기록하시오.(마13:1~9)

_____

_____

3. 사람의 마음이 만물보다 거짓되다는 뜻을 설명하시오.(렘17:9)

_____

_____

4. 사람의 마음 그릇으로 비유 네가지를 기록해 보시오.(딤후2:20~21)

_____

_____

5. 사람의 더러운 마음을 무엇으로 깨끗하게 할 수 있는가.(히10:22)

_____

_____

영혼의 *쉼터*

만물보다 부패한 마음

만물(萬物)보다 거짓되고 심(甚)히 부패(腐敗)한 것은 마음이라 누가 능(能)히 이를 알리요마는 나 여호와는 심장(心腸)을 살피며 폐부(肺腑)를 시험(試驗)하고 각각(各各) 그 행위(行爲)와 그 행실(行實)대로 보응(報應)하나니 불의(不義)로 치부(致富)하는 자(者)는 자고새가 낳지 아니한 알을 품음 같아서 그 중년(中年)에 그것이 떠나겠고 필경(畢竟)은 어리석은 자(者)가 되리라.   (렘17:9-11)

제 5 장

.
.
.

사람혼의 기능

분해도

4. 혼(魂)

[히] נֶפֶשׁ (nephesh) 사람만 말 할 때에는 혼.

[그] ψυχη (psuche) 호흡. 생명. 영. 마음

[영] Soul 사람의 혼. 넋. 얼

몸(身) – 마음(心) – 혼(魂)

(14) 혼의 본능적인 4가지 기능

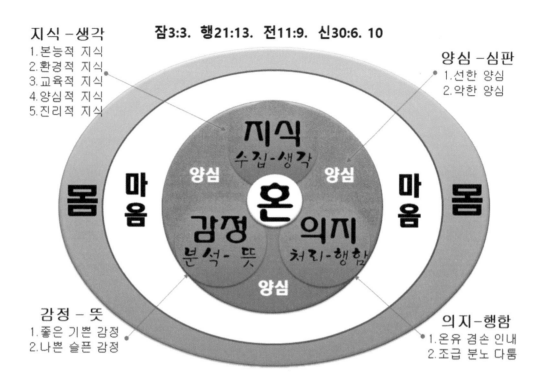

지식 -생각
1.본능적 지식
2.환경적 지식
3.교육적 지식
4.양심적 지식
5.진리적 지식

잠3:3. 행21:13. 전11:9. 신30:6. 10

양심 -심판
1.선한 양심
2.악한 양심

감정 - 뜻
1.좋은 기쁜 감정
2.나쁜 슬픈 감정

의지-행함
1.온유 경손 인내
2.조급 분노 다툼

인생에게 임하는 일이 짐승에게도 임하나니

이 둘에게 임하는 일이 일반이라

다 동일한 호흡이 있어서 이의 죽음같이 저도 죽으니

사람이 짐승보다 뛰어남이 없음은 모든 것이 헛됨이로다.

다 흙으로 말미암았으므로 다 흙으로 돌아가나니

다 한 곳으로 가거니와

인생(人生)의 혼(루아흐:영)은 위로 올라가고

짐승의 혼(루아흐:영)은 아래 곧 땅으로 내려가는 줄을 누가 알랴

(전3:19–21)

사람의 육체(몸)안에는 마음이 있고 이 마음 안에는 의식 세계인 혼이 있는데, 성경은 이 혼이 죽지 않고 영원히 존재하며 생존을 위하여 지식적인 정보들을 수집 분석 처리를 하는데, 이는 지식과 감정과 의지의 세가지 기능들을 가지고 있으며, 이 기능들이 하는 일을 선과 악으로 분별 할 수 있는 양심 기능이 또 있는 것이다. 그러므로 나라는 존재는 몸이 나 가 아니고 나의 혼이 나인 것이다. 이것을 비유로 설명하면 자동차는 사람몸과 같고 자동차 안 실내공간은 마음과 같으며 운전기사는 모든 사물을 인식하고 이것을 분별하는 혼과 같은 것이다. 그러므로 차가 원하는대로 가는 것이 아니라. 운전기사가 원하는 대로 가는 것이다. 이와 같이 우리도 나 혼이 원하는대로 살아가는 것이다. 그리고 사람은 영적인 존재이므로 태어 나면서부터 악한 영에게 쓰임받든가 아니면 선한영에게 쓰임을 받게 됨으로 거짓된 영과 참 진리의 영들을 분별 할 수 있는 분별력이 매우 중요하다.

혼의 각 기능들에 대한 설명

① **지식 :** 혼의 기능 중에 첫 번째인 지식은 정보를 수집하는 기능을 수행한다. 영과 육으로 오는 지식들이 이해가 되면 머리 뇌(혼의 지식 기능)에 기억이 되었다가 필요할 때 생각나서 그것에 대한 신속한 반응을 하게 되는 것이다.

(예) 영어를 배우지 않으면 누가 내게 영어로 말을 할 때에 알아 듣지 못하여 무슨 뜻인지 모르기 때문에 아무런 반응을 할 수 없는 것이다.

1) 본능적인 지식 : 육체의 몸에서 나오는 3욕 5감 3정을 말한다.
2) 환경적인 지식 : 한국에 태어나면 한국어를 미국에 태어나면 영어를 말함
3) 교육적인 지식 : 필요한 지식을 배워서 본능적 욕구를 충족함.

4) 양심적인 지식 : 마음속에서 자기가 행하는 일에 선악을 분별함

　　　5) 진리적인 지식 : 깨달아서 영적세계의 신이 가르쳐 주는 진리를 말함.

② **감정** : 혼의 기능 중에 두 번째인 감정은 기억된 정보를 분석하는 기관이다. 해당하
　　　는 지식이 깨달아 지면 가슴에 감동으로 작용하게 되고 이 감정들이 상황에
　　　따라 좋은 감정이거나 또는 나쁜감정으로 분별하게 되는 것이다.

(예) 지식에서 이해 하고 감정에서 깨달아지면 자신의 유익과 손해에 따라서 감정이 반
　　　응하게 되는데 좋은 감정과 분노를 언어와 행동으로 표현을 하게 된다.

　　　1) 좋은 감정. (생존의 본능적인(오감 만족) 유익이 될 때)

　　　2) 나쁜 감정. (생존의 본능적인(오감 만족) 유익이 안 될 때)

　　　3) 좋은 감정 반응. 본능적인 욕구 오감이 만족 할 때(사랑. 기쁨)

　　　4) 나쁜 감정 반응. 본능적 욕구 오감 불만족 할 때(미움. 분노)

③ **의지** : 혼의 기능 중에 세 번째인 의지는 분석한 정보를 처리하는 기관이다. 감정에
　　　서 지식들이 분석이 되어 뜻이 결정되면 직접 몸으로 말과 행동을 하게 되는
　　　데 대체로 악한 행실과 선한 행실 등으로 나타나게 되는 것이다.

(예) 마귀가 벌써 시몬의 아들 가룟 유다의 마음에 예수를 팔려는 생각을 넣었더라.(요
　　　13:2). 유다가 은을 성소에 던져 넣고 물러가서 스스로 목매 죽은지라.

　　　1) 좋은 뜻(생각). (기뻐하고 즐거워한다.)

　　　2) 나쁜 뜻(생각). (슬퍼하고 괴로워한다.)

　　　3) 좋은 일에 대한 반응. (절제. 인내. 섬김. 봉사. 겸손. 자비)

　　　4) 나쁜 일에 대한 반응. (교만. 미움. 분노. 다툼. 싸움. 악행)

④ **양심** : 혼에서 각 기능들이 지식들로부터 생각을 할 때 선과 악을 구분하게 된다.
　　　1) 선한 양심은 자신의 유익을 위해 남에게 손해를 보이지 않은 것이다.

2) 악한 양심은 자신의 유익을 위해 남에게 손해를 보이는 것을 말한다.

⑤ **생각** : 생각은 우리 삶속에 있는 지식들이 마음속으로 들어와 생각이 되는 것이다.

　　　　1) 생각은 사람몸에서 본능적으로 나오는 지식들이 내 생각이 되는 것이다.

　　　　2) 생각은 영으로부터 와지는 지식들이 우리마음속에 들어와 생각이 된다.

마음속에 있는 혼은 의식세계로서 그 자체가 바로 나 자신인 것이다. 그러므로 나의 혼속에 어떤 지식을 담고 사느냐 하는 것은 나의 인생을 좌우하게 되는 것인데 성경은 모든 사람들이 에덴에서 타락한 후에는 마음이 만물보다 거짓되고 부패하여(렘17:9-10) 육체를 위해 사는 악한(마15:19) 자라고 교훈을 하고 있다.

제 　 기 　 성명 : _____　　　1문제 : 20점 점수 　　점

1. 사람혼이 가지고 있는 기능 3가지를 기록해 보시오.(도형 14번 참조)

_____

_____

2. 사람의 혼 중에 지식에 관하여 5가지를 설명하시오.(도형 14번 참조)

_____

_____

3. 사람 혼의 기능중에 감정에 관해서 2가지를 말해보시오.(도형14번 참조)

_____

_____

4. 사람 혼속 기능중에 의지에 관해서 2가지를 말해보시오.(도형 14번 참조))

_____

_____

5. 사람의 혼은 나 자신과 어떤 관계인지 말해 보시오.

_____

_____

살리는 것은

영(靈)이니

육(肉)은 무익(無益)하니라

내가

너희에게 이른 말이

영(靈)이요 생명(生命)이라 (요6:63)

제 6 장

.

.

.

사람영의 기능

분해도

5. 영(靈)

[히]루-아흐(크)חוּר(ruach) 공기. 바람움직임

[그][프뉴마 πνεῦμα(pneuma) 영. 바람. 공기

[영] (spirit) 영

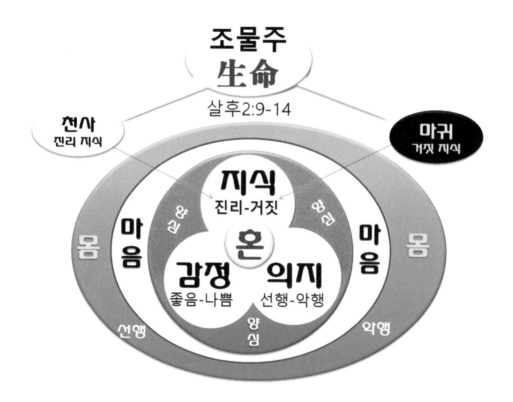

(15) 하나님영과 피조물들의 영

(시148:1-14)

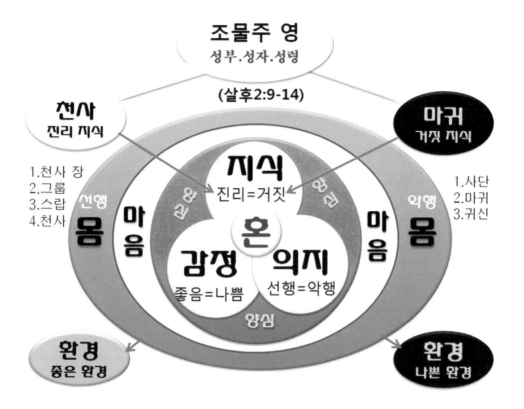

그는 보이지 아니하시는 하나님의 형상(形像)이요

모든 창조물(創造物)보다 먼저 나신 자(者)니

만물(萬物)이 그에게 창조(創造)되되

하늘과 땅에서 보이는 것들과 보이지 않는 것들과

혹(或)은 보좌(寶座)들이나

주관(主管)들이나 정사(政事)들이나 권세(權勢)들이나

만물(萬物)이 다 그로 말미암고

그를 위(爲)하여 창조(創造)되었고 또한 그가 만물(萬物)보다 먼저 계시고

만물(萬物)이 그 안에 함께 섰느니라.(골1:15-17)

조물주께서 무에서 유를 창조하셨다. 그러므로 스스로 계시는 영(spirit) 조물주외에는 모두가 지음을 받은 피조물들인 것이다. 피조물들은 몸은 없고 영만 있는 영적인 존재 즉 천사들과, 영은 없고 몸만 있는 육적인 존재 동식물들, 그리고 영이 있는 영적존재이면서, 또 몸이 있는 육적 존재인 사람들로 분류할 수 있다. 조물주께서 이렇게하신 것은 영이신 조물주께서 영적존재인 사람과 소통하여서 영이 없는 육적존재인 짐승들을 정복하고 다스리게 하시려고 계획하신 것이다.(창1:28) 그런데 거짓된 영들이 있어서 먼저 사람들이 조물주와 소통하지 않고 하나님을 떠나서 만물들과 소통하며 따르도록 미혹하는 것이다. 그러므로 죄로 인한 저주 가운데서 고통받으며 살아가게 된 것인데 하나님께서 그리스도를 보내주셔서 복음으로 우리를 구원하시어 회개하는 자들에게 하나님과의 관계를 회복하여 천국에서 영원히 죽지 않고 하나님을 찬양하며 영광을 돌리는 기업으로 영생하게 하신 것이다.

1. 영적존재들의 분류

영적인 존재		영적인 존재들이 하는 일
창조주(조물주)	God	천지만물의 창조주 하나님의 영(성부. 성자. 성령 삼위)
선한 천사 영	Angels	선한 일을 하는 하나님 종(천사장. 그룹. 스랍. 천사)
악한 마귀 영	Demons	악한 일을 하는 하나님 쓰시는 종 (사탄. 마귀. 귀신)
사람의 영혼	spirit.(영) soul. (혼)	선한 영 또는 악한 영에 속하여 쓰임 받아야 하는 존재

악한 자의 나타남은 사탄의 활동을 따라 모든 능력과 표적과 거짓 기적과
불의의 모든 속임으로 멸망하는 자들에게 있으리니 이는 그들이 진리의 사랑을 받지
아니하여 구원함을 받지 못함이라 이러므로 하나님이 미혹의 역사를 그들에게
보내사 거짓 것을 믿게 하심은진리를 믿지 않고 불의를 좋아하는 모든 자들로
하여금 심판을 받게 하려 하심이라 (살후 2:9-12)

2. 악한 영들의 분류

어두움의 영적존재	어두움의 영적존재가 하는일	대응방법
귀신(Demon)	귀신은 마음속에서 거짓된 지식으로 속인다.	내어 쫓으라.
마귀(Devil)	마귀는 밖에서 사람을 미혹 또는 유혹 한다.	대적을 하라.
사탄(Satan)	사탄은 참소하며 진리를 대적하여 훼방한다.	대적을 하라.

그러나 성령이 밝히 말씀하시기를 후일에 어떤 사람들이 믿음에서 떠나

미혹하는 영과 귀신의 가르침을 따르리라 하셨으니

자기 양심이 화인을 맞아서 외식함으로 거짓말하는 자들이라

(딤전 4:1-2)

3. 사람과 짐승의 비교(전3:16-22)

영(spirit)	혼(soul)	몸(body)
사람 : 진리 및 거짓 지식	영적 + 육적생각	육의 본능적인 지식
짐승 : 없음	육적생각	육의 본능적인 지식

내가 내 마음속으로 이르기를 인생들의 일에 대하여 하나님이 그들을 시험하시리니

그들이 자기가 짐승과 다름이 없는 줄을 깨닫게 하려 하심이라 하였노라

인생이 당하는 일을 짐승도 당하나니 그들이 당하는 일이 일반이라

다 동일한 호흡이 있어서 짐승이 죽음 같이 사람도 죽으니

사람이 짐승보다 뛰어남이 없음은 모든 것이 헛됨이로다

(전 3:18-19)

제 6 장 시험 문제풀이

제   기 성명 :_____   1문제 : 20점 점수   점

1. 창조주 하나님의 영에 관하여 자세히 설명하여 보시오.(마3:16–17)

_____

_____

2. 하나님께서 지으신 피조물 영에 대하여 기록해 보시오.(시148:1–14)

_____

_____

3. 영이란 무엇인지 비유를 들어 자세히 설명해 보시오.(요6:63)

_____

_____

4. 선한 천사의 영에 대하여 자세히 설명해 보시오.(히1:14)

_____

_____

5. 악한 사단의 영에 대하여 자세히 설명해 보시오.(살후2:9–12)

_____

_____

제 7 장

.

.

.

사람영혼과 마음과 몸

상호관계

6. 영혼 몸 마음
(상호 호환관계)

	제 목	히브리어	헬라어	영어
1	사람	שָׁדָם (adam)	ἄνθρωπος (anthropos)	Man, Woman
2	몸	בָּשָׂר (basar)	σῶμα (soma)	body 몸
3	마음	לֵב (leb)	καρδία (kardia)	Mind, Heart, 마음
4	혼	네페쉬 נֶפֶשׁ (nephesh)	퓨쉬케 ψυχη (psuche)	Soul 사람의 혼
5	영	루-아흐(크)רוּחַ (ruach)	[프뉴마 πνεῦμα (pneuma)	(spirit) 영

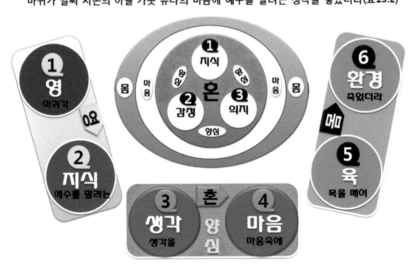

마귀가 벌써 시몬의 아들 가룟 유다의 마음에 예수를 팔려는 생각을 넣었더라(요13:2)

(16) 영과 혼 마음과 몸의 상호관계

(히4:12-13)

| 천사의 영 | 진리지식 | 선한 생각 | 온유한 마음 | 겸손한 행실 | 행복한 생활 |

①영 영
②지식
③생각 양심
④마음 혼
⑤육 몸
⑥환경

| 마귀의 영 | 거짓 지식 | 악한 생각 | 조급한 마음 | 교만한 행실 | 불행한 생활 |

평강의 하나님이 친히 너희로 온전히 거룩하게 하시고 또 너희 온

[영:靈]과 [혼:魂]과 [몸]이

우리 주(主) 예수 그리스도 강림(降臨)하실 때에

흠없게 보전(保全)되기를 원(願)하노라 _살전 5:23

제자(弟子) 중(中)

여럿이 듣고 말하되

이 말씀은 어렵도다

누가 들을 수 있느냐 한 대

예수께서 스스로 제자(弟子)들이 이 말씀에 대(對)하여

수근거리는 줄 아시고

가라사대

이 말이 너희에게 걸림이 되느냐

그러면 너희가 인자(人子)의 이전 있던 곳으로 올라가는 것을

볼 것 같으면 어찌 하려느냐

살리는 것은 영(靈)이니 육(肉)은 무익(無益)하니라

내가 너희에게 이른 말이 영(靈)이요 생명(生命)이라.(요6:60-63)

사람의 조직 구성에는 각각 여러 가지 기능들이 있다. 도형 7번과 같이 영과 혼과 몸 그리고 마음과 생각과 뜻 양심들이 있는데 이 기능들이 각자가 하는 일들이 다르면서도 서로가 연관이 되어 호환 관계를 가지고 있다. 예를 들면 영은 반드시 어떤 지식을 주는 일을 한다. 이 지식은 마음속에 들어가서 생각이 되고 이 생각은 마음을 움직여서 이 마음이 사람의 몸을 행동으로 옮기게 하여서 어떤 일을 하도록 하는 것이다. 그러므로 우리의 내면속에 있는 각 기능들을 잘 이해하고 서로 호환을 잘하여서 자신의 존재를 품격있는 인간으로 살 수 있도록 하는 것이 매우 중요하다. 어느 촌부가 100만원을 넘게 주고 스마트폰을 샀다고 자랑을 하는데 그분은 오는 전화나 받고 간신히 전화를 거는 정도 외에는 더 이상 활용을 못하는데 이를 세상에서 폰맹이라 한다. 컴퓨터를 못하면 컴맹. 글자를 모르면 문맹이다. 그러면 우리들은 일평생 마음과 함께 살면서 마음을 얼마나 알고 효율적으로 마음을 사용하고 있는가. 만약 그렇지 못하다면 나는 곧 맘맹인 것이다.

1. 영과 혼과 몸의 상호 관계

영은 ~ 진리와 거짓지식 ~ 지식은 생각 ~ 생각은 마음 ~ 마음은 ~ 몸을 사용함
몸은 자기가 살아가야할 환경을 만들어 자기가 행한대로 돌려 받게 되는것이다.

2. 사람과 짐승과의 기능적 비교

영(spirit)	혼(soul)	몸(body)
사람 : 진리 및 거짓 지식	영적 + 육적생각	육의 본능적인 지식
짐승 : 없음	육적 (생각)	육의 본능적인 지식

짐승들은 영이 없기 때문에 육체의 몸으로 인한 본능적인 지식으로 생각하면서 살아가고, 사람은 짐승와 같이 육체의 몸으로 인한 본능적 지식의 생각과 진리의 영과 거짓된 영으로부터 오는 지식적인 생각으로 분별하며 살아가게 되는 것이다.

여호와께서 이르시되 그 날에 내가 응답하리라
나는 하늘에 응답하고 하늘은 땅에 응답하고
땅은 곡식과 포도주와 기름에 응답하고 또 이것들은
이스르엘에 응답하리라

(호 2:21-22)

도형 17. 사람의 각기능 응용단계

1.영적인 세계		2.의식적 세계		3.육신적 세계	
천사의 영	진리지식	선한 생각	온유한 마음	겸손한 행실	행복한 생활
영		혼		몸	
❶ 영	❷ 지식	❸ 생각 양심	❹ 마음	❺ 육	❻ 환경
마귀의 영	거짓지식	악한 생각	조급한 마음	교만한 행실	불행한 생활

"거짓과 고통을 넘어 진리와 생명을 보라"

네가

네 하나님

여호와의 말씀을 삼가 듣고

내가 오늘날

네게 명(命)하는 그 모든 명령(命令)을 지켜 행(行)하면

네 하나님 여호와께서 너를

세계(世界) 모든 민족(民族) 위에 뛰어나게 하실 것이라(신28:1)

도형 17. 사람의 각 기능 응용단계 도움말

자동차 운전과, 정비를 배웠다면 이제는 자동차를 운전하면서 어떤일을 해야 할 것이다. 이와 같이 사람의 구조와 기능들을 이해 하고 깨달았다면. 이제는 이 기능들을 잘 사용하여서 불가능한 일들을 해내는 표적과 이적이 나타나야 할 것이다. 예를 든다면 남에게 서운한 말을 들었다면. 마음속에서 화가 나오지 않고 오히려 그 사람을 불쌍하게 여기고 온유한 마음으로 인내하며. 그 사람을 위하여 사랑으로 기도하는 마음을 가져야 할 것이다. 그러면 이제는 하나님의 말씀을 삶으로 이루는 믿음의 단계에 진입하게 되고, 이 순종하는 믿음이 하나님께 복과 생명을 받아 내는 능력이 있는 자가 되는 것이다. 지금 까지는 가까운 이웃에게 아픈 상처만 많이 입혀주며 살아왔는데, 이제 부터는 오는 모든 시험들을 이기면서 하나님이 주신 은혜와 생명으로 주위에 힘들어 하는 이웃들을 돌보며, 그들을 위로하고 생명을 주어 생명을 살리는 하나님의 참 귀한 일꾼들이 되어야 할 것이다.

나의 혼이 지식과 감정 그리고 의지로 모든 정보들을 수집하고 분석하여 처리를 하는데, 양심으로는 최종 선악간의 판단을 하여서 자기의 자신이 영적 육적 생명으로 평안의 유익이 되도록 해야 할 것이다. 그러므로 우리가 여기에서 본능적인 지식과 진리의 지식과 거짓된 지식들을 잘 분별 할 수 있는 능력이 있다면, 그 마음속은 기쁨과 즐거움으로 평안을 누리는 낙원이 될 것이며, 죽지 않고 영원히 살게 되는 것이다. 그러나 이 지식들을 분별하는 지혜가 없다면 솔로몬의 고백과 같이 일평생 해 아래서 수고한 것이 모두 헛될 수 밖에 없을 것이다.(전1:1-2) 그러므로 이것을 깨닫지 못하면, 헛된 길에서 헛된 꿈을 가지고 일생동안 속고 살면서 헛된 고난의 길을 가야 하고 마지막에 가서 깨달은 후에도 때는 이미 모두가 늦어져서 돌이킬 수 없게 될 것이다.

제 7 장 시험 문제풀이

제   기 성명 :_____   1문제 : 20점 점수   점

1. 영적 일을 보고 듣고 만나는 것은 무엇으로 분별하는가(창12:1)

_____

_____

2. 지식이 마음속에 들어온 것을 무엇으로 알 수 있는가.(마26:75)

_____

_____

3. 생각에 따라서 제일먼저 변하는 것을 말해보시오.(출7:22)

_____

_____

4. 사람의 마음은 무엇으로 표현 할 수 있는가.(마15:19)

_____

_____

5. 사람의 몸이 주로 무엇을 위하여 활동을 하는가.(겔36:27)

_____

_____

- 제 1권 맺는 말 -

세상에 모든 학문들은 먼저 이론으로 그것에 관한 지식을 습득해야하고 그 다음은 그 습득한 이론과 지식을 실습을 해야 합니다. 이와 같이 지금 까지는 제1장부터 7장까지 이론으로 학습을 했는데 한번 배워서 되는 것이 아니고 계속 반복을 해야 합니다. 될 때까지 관심법과 집중 법을 사용해서 우리 내면의 영과 혼과 마음과 몸의 기본 바탕을 온전히 안 보고도 설명하고 가르칠 수가 있어야 비로소 내가 아는 것이 되고, 내가 쓸 수 있는 것이 된 것입니다.

그리고 그 다음은 이제 깨달아야 하는데 깨닫는 다는 것은 이 모든 구조와 조직과 기능들을 서로 호환시켜서 막힘이 없이 내 내면에서 자유자재로 돌아가야 합니다. 예를 들어서 누가 주일날 교회에 나아와서 나에게 불편한 말을 했다면 이것을 지금까지 우리가 배우고 습득한 공식에 대입을 시켜서 응용하여 내 마음속에서 하나도 서운한 감정이나 미워하는 분노가 나오지 말아야 하는 것이지요.

결국은 우리가 하나님을 믿고 교회에 다니면서 성경을 배우고 설교를 들으며 신앙생활을 하는 것은, 만물보다 부패한 나의 마음과 하나님의 음성을 듣지 못하고 죽어 있는 나의 영혼이 하나님의 은혜를 깨닫고 그 부패한 마음을 깨끗하게 하는 것과, 그 다음은 하나님의 음성을 듣지 못하는 죽은 영혼을 살리는 것입니다.

하나님은 물과 성령으로 난자 들과(요3:5) 진리와 성령으로 예배하는 자들을(요4:24) 찾으시고 또 하나님의 뜻을 행하는 자들에게(마7:21) 그 나라에 들어가리라 말씀 하시는데 이 말씀이 바로 참 진리입니다. 그런데 우리의 신앙생활 속에서 보면 사실 이 모든 것들이 세속문화 속에 가려져서 본질을 왜곡하고, 우리의 마음을 혼미하게 하여 하나님의 진리위에서 주도하고 군림하는 것을 볼 수가 있습니다. 그래서 우리들은 서로 비방과 논쟁은 하지 말고, 그 곳에 편승해서 함께 가는 것이 아니라. 이런 사실들을 바르게 가르치고 깨우쳐주어, 돌이켜서 마지막 때를 준비하는 교회와 성도들이 다 되도록 최선을 다 해야 할 것입니다.

부록 [附錄]

.

.

.

골방 묵상기도 훈련

내가 주(主)의 법(法)을
어찌 그리 사랑하는지요
내가 그것을 종일(終日) 묵상(默想)하나이다.
(시119:97)

골방 묵상 기도 훈련

시1:1-3, 마6:6

1.골방 문을 닫으라

1.악인의 꾀
(버려라)
자기 유익을 구하지 말라.

2.죄인의 길
(돌아서라)
하나님을 간절히 찾으라

3.오만한 자리
(내려와라)
남을 위하여 구하라

2.주님과 대화하라

1.간절히 찾음--------주님 만남

2.자아의 고백--------자비구함

3.하나님 말씀--------말씀묵상

4.주시는 교훈--------자아발견

5.주시는 명령--------진리발견

6.진리롤 순종--------생명 받음

7.은혜롤 찬양--------감사기도

심령천국 : 하나님나라는 성령 안에 있는 의와 평강과 희락이라.(롬14:17)

복(福) 있는 사람은
악인(惡人)의 꾀를 좇지 아니하며 죄인(罪人)의 길에 서지 아니하며
오만(傲慢)한 자(者)의 자리에 앉지 아니하고
오직 여호와의 율법(律法)을 즐거워하여
그 율법(律法)을 주야(晝夜)로 묵상(默想)하는 자(者)로다
저는 시냇가에 심은 나무가 시절(時節)을 좇아 과실(果實)을 맺으며
그 잎사귀가 마르지 아니함 같으니 그 행(行)사가 다 형통(亨通)하리로다(시1:1-3)

너는 기도(祈禱)할 때에
네 골방에 들어가 문(門)을 닫고
은밀(隱密)한 중(中)에 계신 네 아버지께 기도(祈禱)하라
은밀(隱密)한 중(中)에 보시는 네 아버지께서 갚으시리라.(마6:6)

1. 기도란 무엇인가.?

사람은 천사와 같이 영적인 존재이면서 또한 짐승과 같은 몸을 가지고 있는 육적인 존재인 것이다. 이는 조물주께서 특별히 사람은 하나님의 형상으로 지으셨고 영적으로는 하나님과 소통을 하도록 하셨으며, 반면 육적인 몸으로는 모든 만물들을 정복하고 다스릴 수 있는 복을 주셔서 만물과 소통하게 하신 것이다.(창1:28)

그러므로 사람들은 몸으로는 몸에 있는 눈과 귀를 가지고 모든 만물들을 보고 듣고 분별하여서, 하나님의 뜻대로 만물들을 정복하고 다스리며 만물들을 경작 하도록 하신 것이다. 그리고 사람들의 마음에도 마음의 눈과 귀가 있는데 이 마음의 눈과 귀를 열어서(마13:15) 자기들이 믿는 자기의 신과 영적으로 소통을 하도록 하셨는데 이때에 신과 서로 나누는 대화를 성경에서는 기도라고 가르치는 것이다.

2. 왜 기도를 해야 하는가.?

기도는 자기가 믿는 신과의 대화가 기도인데, 그렇다면 왜 대화를 해야하는가 하는 것이다. 여기에서 한가지 예를 든다면, 우리가 이 세상에 살면서 많은 사람들과 대화를 나누면서 서로 소통을 하는데, 이는 자기의 뜻을 상대편에게 전하고 상대의 뜻을 받아드려서 서로의 유익을 구하고자 하는 것이 사람들의 만남과 대화인 것이다. 이와 같이 우리가 기도를 해야 하는 이유는, 자기 자신이 연약하다고 생각하는 사람들이 자기를 도와주고 생명으로 자기를 살려줄 수 있다고 믿는 자기의 신에게 도움을 요청하는 것이 바로 기도의 목적이라고 말할수 있을 것이다.

3. 어떻게 기도를 해야 하는가.?

기도로 자기가 믿는 신에게 도움을 구하고 받으려면 먼저 크게 두가지를 생각 할 수 있을 것이다. 첫째로 자신을 정결하게 하고, 자신의 마음 목숨 뜻을 다하여 간절한 마음으로 구하는 것이다. 그리고 다음 두 번째는 자기가 믿는 신이 자신에게 임하여, 그 신과 하나가(신인동거) 되어 무슨 일이 든지 지시하는 대로 순종하고. 또 내가 원하는 일들은 허락을 받아서 행하는 것이다. 그래서 나의 뜻대로 하는 것이 아니라 내가 믿고 도움을 구하는 신의 뜻대로 복종을 해야 하는 것이다. 우리가 하나님을 믿고 하나님께 기도하는 것도 이와 같이 해야 할 것이다.

4. 성경에서 가르치는 회개기도

성경은 창세기 에덴동산에서 뱀의 말을 듣고 언약을 지키지 못한 아담과 그 후손들을 모두 죄인으로 단정짓고,(롬3:10) 아름다운 낙원이 아닌 음부에서 살아가게 하신 것이다. 그러므로 오늘 우리들이 살아가는 모습을 보면 거룩하신 하나님의 성품을 닮은 것이 아니라. 속고 속이며 미움으로 다투는 마귀의 형상을 가지고 살아가는 것을 볼 수가 있다. 그래서 지금 우리들이 살아가는 모습을 보면 모두가 악한 생각으로 자기의 유익을 위하여 살인 간음 음란 도둑질 거짓증거 훼방(마15:19)등으로 스스로가 죄인임을 증명하여 보여주며 살아가고 있는 것이다.

그러므로 악한 죄인이 거룩하신 하나님께 기도로 먼저 구할 것은 오직 자기가 죄인임을 깨닫고, 고백하며 회개하여 그리스도의 언약의 피로 죄 사함을 받는(눅18:13-14) 것이다. 그래서 성경은 창세기에서 말라기 까지 구약의 율법으로 우리들은 모두가 법(약속)을 지키지 못하는 죄인임을 깨닫게 하시는 것이다.(롬3:20) 그러면 성경에서 말하는 죄란 무엇을 말하는가. 죄를 정확히 알아야 올바른 회개를 하게 되고 올바른 회개를 해야 비로소 죄에서 구원을 받을 수가 있는 것이다.

(1). 성경이 가르치는 죄에 대한 정의

①. 불법은 모두가 다 죄인 것이다.(요일3:4) / 불법을 행하는 자.

②. 나를 믿지 않은 것이 모두 죄다.(요16:9) / 회개하지 않는 자.

③. 믿음으로 하지 않는 것이 죄다.(롬14:23) / 순종하지 않는 자.

④. 선을 알고 행치 않는 것이 죄다.(약4:17) / 선행하지 않는 자.

헬 ταμεῖον ·타이메이온 은밀한 장소. 골방

5 주님이 가르치시는 골방 기도

"너는 기도(祈禱)할 때에 네 골방에 들어가 문(門)을 닫고
은밀(隱密)한 중(中)에 계신 네 아버지께 기도(祈禱)하라
은밀(隱密)한 중(中)에 보시는 네 아버지께서 갚으시리라" (마6:6)

주님은 우리가 기도 할 때에 골방에 들어가서 문을 닫고, 은밀한 중에 계시는 네 아버지께 구하라. 은밀한 중에 보시는 네 아버지께서 갚아 주시리라, 말씀하시면서 제자들에게 골방 기도를 하라고 가르치셨다. 또 요15:7 말씀에도 너희가 내 안에 거하고 내 말이 너희 안에 거하면 무엇이든지 원하는 대로 구하라. 그리하면 무엇이든지 다 이루리라, 말씀하셨다. 그리고 하지 말아야 할 기도에 관해서도 가르쳐 주셨는데, 첫째 남에게 보이기 위한 외식하는 기도와, 둘째 중언부언 하여 말을 많이 하는 기도는 하지마라. 이런 기도들은 사람들에게 보이려고 기도를 하였기 때문에 자기상을 이미 받았다. 그리고 셋째는 자기의 유익 곧 정욕을 위해 구하지마라. 정욕으로 구하는 기도는 응답을 받지 못하게 되는 것이다.(약4:3)

(1). 골방 기도란 무엇인가.

골방기도란 성경에서 말하는 묵상기도를 말하는 것이다.(시1:2) 편한 자세로 눈을 감고 마음속 깊은 곳에서 내 영혼이 하나님과의 은밀한 만남과 대화로서 서로의 뜻을 주고받으며 소통을 하는 것이 곧 골방(묵상) 기도인 것이다. 이 골방기도는 영적으로 어린아이와 같은 자들은 하기가 어렵다. 그 이유는 복잡한 세상에서 삶에 대한 잡념들이 마음속에서 자기의 영혼을 사로잡고 있기 때문이다. 그러므로 묵상기도를 하려면 묵상 방법과 훈련이 반드시 필요한 것이다. 그러므로 골방기도는 먼저 기도하는 방법을 알아야 하고, 다음은 많은 훈련들을 통해서 숙련이 되어야 마음속에 아무 잡념이 생기지 않음으로 골방기도를 잘 할 수 있는 것이다.

(2). 묵상(골방) 기도의 어려운 점

사람은 생각하는 동물이다. 그래서 사람은 하루에 오만가지 생각을 한다는 세상 속어도 있다. 그리고 삶속에 어려운 일들이 생기게 되면 본능적으로 생존의 방법들을 찾기 위해 더 많은 생각들을 하게 되는데 이런 마음상태에서는 묵상기도를 할 수가 없다. 그러므로 묵상기도를 할 수 있는 조용한 마음의 조건이 되어야만 한다. 자기의 마음을 평안하게 하기 위해서는 생명을 주시는 하나님께 온전히 자신의 마음과 목숨과 뜻 그리고 힘을(막12:30) 다 해서 하나님께 맡겨 버리고 무릎을 꿇는 것이다. 이것이 곧 믿음이고 하나님을 경외하는 것이 된다. 믿음의 조상 아브라함도 처음에는 하나님을 경외하지 못한 실패자였다. 그러나 후에 깨닫고 창22:12에 가서 하나님께 온전히 순종을 하여서, 이제야 네가 나를 경외하는 줄을 알겠노라, 말씀 하시면서 아브라함에게 범사에 큰 복을 주셨다. 라고 기록되었다.

(3). 묵상(골방)에 들어가는 문

①. 악인(惡人)의 꾀 / 자기 유익을 위한 육신의 생각들을 모두 버려라.(약4:3)

②. 죄인(罪人)의 길 / 세상을 바라보지 말고 오직 주님만 바라보아라.(시1:6)

③. 오만(傲慢)한 자 / 자기 의를 비우고 낮추고 겸손한 마음을 가지라.(빌2:7)

사람의 마음이 아무리 복잡해도 마음과 생각을 정리를 하면 위에서와 같이 3가지 생각의 근원이 되는 깊은 뿌리를 볼 수 있다. 요일2:16 에서도 보면 육신의 정욕과 안목의 정욕 그리고 이생의 자랑은 위의 말씀과 똑같은 의미를 지니고 있는 것이다. 그러므로 이 세 가지 생각을 정리하면 마음속에 잡념들이 모두 사라지게 되고, 마음은 곧 무념상태가 되는 것이다. 마6:6에 골방에 들어가서 문을 닫으라. 말씀하셨는데 골방에서 닫아야 할 문이 바로 앞에서 언급한 이 세 가지들을 말하는 것이다.

(4). 묵상(골방) 기도를 하는 법

①. 오직 여호와의 율법(律法)을 즐거워하라.(하나님의 교훈과 명령을 받으라.)

육체의 사람은 하나님의 말씀을 들을 수가 없다. 그러므로 하나님의 음성을 듣기 위해서는 심령이 가난한 자가 되어야 하고, 그리고 골방에 들어가서 문을 닫아야 하나님의 음성이 비로소 들려지게 되는 것이다. 하나님의 음성을 듣는 다는 것은 하나님의 말씀이 곧 하나님이신데(요1:1) 이 하나님의 말씀을 묵상하면 그 말씀 속에는 하나님의 뜻이 담겨져 있는데, 이 하나님의 뜻과 나와 서로 소통을 하는 것이다. 예를 들면 컴퓨터는 사람이 만든 하나의 기계이다. 그러나 이 기계와 문자로 서로 정보를 주고 받으며 대화를 하는 것이다. 이와 같이 하나님을 만나고 믿으며 음성을 듣고 하는 것이 모두다 1차적으로 말씀의 하나님을 만나야 하고, 다음은 진리의 성령 하나님을 만나서 생명과 능력을 받아야 하는 것이다. 사업을 하는 사업가는 육체의 생명인 돈을 벌어야 하듯이 우리가 하나님을 믿는 것은 영적인 생명과 능력을 주님께 받기 위해 믿어야 하는 것이다.

②. 율법(律法)을 주야(晝夜)로 묵상(默想)하라.(명령을 지켜서 약속을 받아라.)

하나님의 말씀을 묵상하면 하나님의 음성이 들려오는데, 첫째 교훈으로 나를 먼저 하나님을 경외하는 자가 되게하신다. 그리고 둘째는 진리로 명령과 약속을 주셔서 순종하면 생명인 약속을 받게 하신다. 셋째로는 생명을 받는 은혜를 입었으면, 이제는 나아가서 생명을 나누어 주는 선한 도구로 하나님께 쓰임을 받아야 한다, 그러면 하나님께서 영생에 들어가게 하신다는.(마25:31-46) 것이다. 그러므로 하나님은 갚아 주시는 하나님이시다. 하나님을 믿는 다는 것은 말씀을 듣는 자가 아니라. 말씀을 듣고 지켜서 행하는 자들에게 생명을 복으로 갚아서 응답해 주시는 것이다. 그러므로 이것을 시편1:3에서 "저는 시냇가에 심은 나무가 철을 따라 과실을 맺으며 잎사귀가 마르지 아니함 같으니 그 행사가 다 형통하리로다." 시편 기자는 하나님의 말씀을 시편 서두에 기록하여 말씀을 묵상 하도록 한 것이다.

그러므로 우리가 하나님을 믿는 다는 것은, 창조주 하나님께 구원과 생명, 그리고 영생을 받아 내는 신앙생활이 목표가 되어야 하는 것이다. 생명의 주인이신 하나님께 구원과 생명과 영생을 받아 내려면 반드시 묵상기도를 해야 한다. 그 이유는 이 모든 일들이 우리들 마음속 깊은 곳에서 모두 이루어지기 때문인 것이다.

이 일 후에 내가 보니 하늘에 열린 문이 있는데

내가 들은 바 처음에 내게 말하던 나팔 소리 같은 그 음성이 이르되

이리로 올라오라 이 후에 마땅히 일어날 일들을 내가 네게 보이리라 하시더라

내가 곧 성령에 감동되었더니 보라 하늘에 보좌를 베풀었고 그 보좌 위에

앉으신 이가 있는데 앉으신 이의 모양이 벽옥과 홍보석 같고

또 무지개가 있어 보좌에 둘렸는데 그 모양이 녹보석 같더라

(계 4:1-3)

은예를 알고 믿는 신앙(초급 반)

믿음의 뿌리

시121:1-8   엡3:14-19

1 은예를 배워라 (입문단계) (요3:16)

2 은예를 받아라 (기쁨단계) (고후6:1-2)

3 은예를 입어라 (감사단계) (창6:8)

4 은예를 갚아라 (영광단계) (약1:21-22)

5 은예를 나누라 (찬송단계) (눅12:42)

6 은예 경외하라 (역사단계) (마22:37)

그러나 더욱 큰 은혜(恩惠)를 주시나니 그러므로 일렀으되 하나님이 교만(驕慢)한 자(者)를 물리치시고 겸손(謙遜)한 자(者)에게 은혜(恩惠)를 주신다 하였느니라(약4:6)

가라사대

내가 은혜(恩惠) 베풀 때에 너를 듣고

구원(救援)의 날에

너를 도왔다 하셨으니

보라

지금(只今)은

은혜(恩惠) 받을 만한 때요

보라

지금(只今)은 구원(救援)의 날이로다 (고후6:2)

103

사랑을 알고 베푸는 선

내가 내게 있는 모든 것으로 구제하고 또 내 몸을 불사르게 내어
줄지라도 사랑이 없으면 내게 아무 유익이 없느니라(고전13:3)

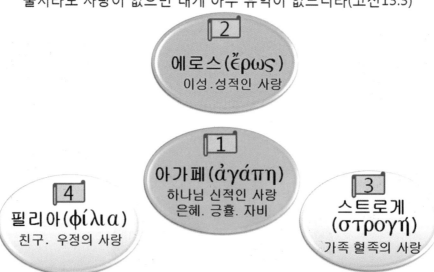

사랑하는 자(者)들아

우리가 서로 사랑하자

사랑은 하나님께 속한 것이니

사랑하는 자(者)마다 하나님께로 나서 하나님을 알고

사랑하지 아니하는 자(者)는 하나님을 알지 못하나니

이는 하나님은 사랑이심이라. (요일4:7-8)

몸에서 나오는 죄(16가지)

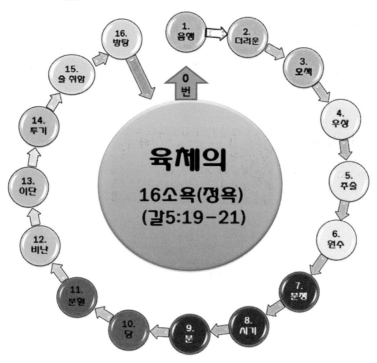

그리스도

예수의 사람들은

육체(肉體)와 함께

그 정과

욕심(慾心)을

십자가(十字架)에 못 박았느니라

(갈5:24)

시험을 이기는 훈련
(출14:10-31)

시험이 올 때 대치 법
1. 피하려고 꾀를 내지 말라
2. 생명 받지 못해 근심치 말라
3. 생명 빼앗길 까 염려치 말라
4. 마음속으로 두려워하지 말라

(1)기도
1. 두려워 말라
2. 부르짖으라
(출14:10)

시험을 합격하는 법
1. 환란을 즐거워하라 (롬5:3)
2. 시험을 온전히 기뻐하라(약1:2)
3. 끝까지 인내하여라(히10:36)
4. 하나님을 경외하여라(창22:12)

(4)경외
1. 하나님 경외하고
2. 모세를 믿으니라
(출14:31)

시 험
(시험은 복 덩어리다)
시험을 이기면 선물을 주신다

(2)침묵
1. 원망하지 말라
2. 꾀를 내지 말라
(출14:11-12)

(3)인내
1. 가만이 있으라
2. 구원을 보아라
(출14:13-30)

내 형제(兄弟)들아

너희가 여러 가지 시험(試驗)을 만나거든

온전(穩全)히 기쁘게 여기라

이는 너희 믿음의 시련(試鍊)이

인내(忍耐)를 만들어 내는 줄 너희가 앎이라

인내(忍耐)를 온전(穩全)히 이루라

이는 너희로 온전(穩全)하고 구비(具備)하여

조금도 부족(不足)함이 없게 하려 함이라 (약1:2-4)

마음을 깨끗이 하라.

옷은 빨아 입고. 몸은 물로 씻었으니. 이제 마음만 씻으면 행복하리라.!

1.
- 비어라 : 마음속에 아무것도 없게 하라.(가난한 심령)
- 마음에 그릇을 깨끗이 비어라(룻1:21,. 빌2:7, 마5:3)

2.
- 버리라 : 있는 것을 모두 버리라(재물,권력,명예.부모)
- 마음에 죄악을 버리라(욥11:14, 마19:23-30, 살전5:22, 행3:26)

3.
- 씻으라 : 더러운 죄악을 물로 씻으라(죄,악,습관.고집)
- 마음에 죄악을 씻으라(렘4:14, 시51:2. 행22:16, 엡5:26, 계7:14)

4.
- 닦으라 : 비우고 버리고 씻음이 될 때 까지 반복하라
- 삶에 그릇된 습관을 고쳐라(레6:28. 신19:3. 고전3:11. 눅7:38)

우리가

마음에 뿌림을 받아

양심(良心)의 악(惡)을 깨닫고

몸을

맑은 물로 씻었으나

참 마음과

온전(穩全)한 믿음으로

하나님께 나아가자.(히10:22)

4 차원 세계 이론과 이해

4. 차원, 영계

신의 능력으로 다스리는 세상
하나님의 능력으로 지배하는 신의 세상
예: 성령의 능력으로 병을 고치는 일

3. 차원, 도구

세상 도구로 다스리는 세상
다윗이 물매 돌을 사용함 같은 세상
예: 애굽 군대 병장기 마차 수래

2. 차원, 지혜

세상 지혜로 다스리는 세상
상대방을 세상지혜로 속여서 하는 세상
예: 아간, 가룟 유다 같은 자들

1. 차원, 용사

육신의 힘으로 다스리는 세상
힘 센 사람이 용사가 되어 지배하는 세상
예: 블레셋 장사 골리앗, 천하 장사 항우

위로부터 오시는 이는

만물(萬物) 위에 계시고

땅에서 난 이는

땅에 속(屬)하여 땅에 속한 것을 말하느니라

하늘로서 오시는 이는

만물(萬物) 위에 계시나니

그가 그 보고 들은 것을 증거(證據)하되

그의 증거(證據)를 받는이가 없도다(요3:31-32)

열매대로 보응하시는 하나님

잠1:31, 잠3:9, 렘32:19, 마7:16, 마21:43

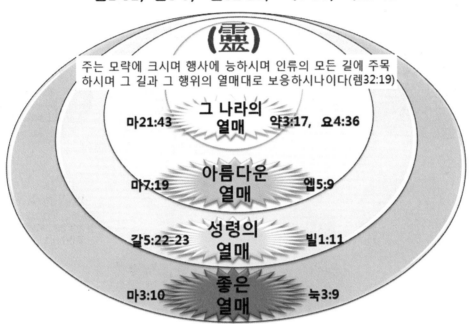

(靈)

주는 모략에 크시며 행사에 능하시며 인류의 모든 길에 주목하시며 그 길과 그 행위의 열매대로 보응하시나이다(렘32:19)

마21:43 그 나라의 열매 약3:17, 요4:36

마7:19 아름다운 열매 엡5:9

갈5:22-23 성령의 열매 빌1:11

마3:10 좋은 열매 눅3:9

그러므로

내가 너희에게 이르노니

하나님의 나라를

너희는 빼앗기고

그 나라의 열매 맺는 백성(百姓)이 받으리라 (마21:43)

예수-그리스도-예수
(요5:39)

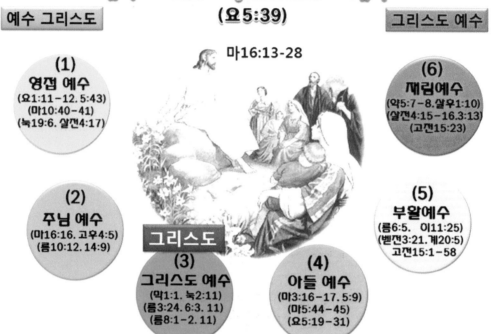

예수 그리스도

그리스도 예수

마16:13-28

(1) 영접 예수
(요1:11-12. 5:43)
(마10:40-41)
(눅19:6. 살전4:17)

(6) 재림예수
(약5:7-8.살후1:10)
(살전4:15-16.3:13)
(고전15:23)

(2) 주님 예수
(마16:16. 고후4:5)
(롬10:12. 14:9)

(5) 부활예수
(롬6:5. 이11:25)
(벧전3:21.계20:5)
고전15:1-58

그리스도

(3) 그리스도 예수
(막1:1. 눅2:11)
(롬3:24. 6:3. 11)
(롬8:1-2. 11)

(4) 아들 예수
(마3:16-17. 5:9)
(마5:44-45)
(요5:19-31)

시몬 베드로가 대답(對答)하여 가로되

주(主)는 그리스도시요 살아계신 하나님의 아들이시니이다

예수께서 대답(對答)하여 가라사대

바요나 시몬아 네가 복(福)이 있도다

이를 네게 알게 한 이는 혈육(血肉)이 아니요

하늘에 계신 내 아버지시니라

또 내가 네게 이르노니 너는 베드로라

내가 이 반석(磐石) 위에 내 교회(敎會)를 세우리니

음부(陰府)의 권세(權勢)가 이기지 못하리라

(마16:16-18)

내 인생에 5대 관문을 열어라

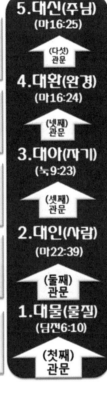

육신의 생각 - 사망

1.교만=(대하32:25) 5.대적=(말3:13)
2.무시=(요8:49) 6.원수=(약4:4)
3.멸시=(시107:10-11) 7.멸망=(렘47:5)
4.훼방=(마12:31)

1.의심=(마14:31) 5.거짓=(마15:19)
2.두렴=(마8:26) 6.변명=(창3:13)
3. 꾀=(시1:1) 7.악행=(유1:16)
4.고민=(눅16:25)

1.근심=(시31:9) 5.우울=(사13:8)
2.염려=(눅21:34) 6.분열=(신28-28)
3.두렴=(마13:15) 7.포기=(마27:3-5)
4.고민=(눅16:25)

1.불만=(유1:16) 5.싸움=(약4:2)
2.불평=(창37:4) 6.살인=(창4:8)
3.원망=(잠23:29-30) 7.멸망=(벧후2:12)
4.다툼=(약4:1)

1.욕심=(약1:15) 5.강도=(요10:8)
2.탐욕=(골3:5) 6.살인=(요8:44)
3.사기=(롬1:29) 7.멸망=(벧후2:12)
4.도적=(마15:19)

중앙 (관문)

5.대신(주님)
(마16:25)
(다섯)관문

4.대완(완경)
(마16:24)
(넷째)관문

3.대아(자기)
(눅9:23)
(셋째)관문

2.대인(사람)
(마22:39)
(둘째)관문

1.대물(물질)
(딤전6:10)
(첫째)관문

영적인 생각 - 생명

1.은혜=(창33:8) 5.경외=(마22:37)
2.겸손=(벧전5:5) 6.동행=(창5:24)
3.사모=(잠8:17) 7.찬송=(엡1:14)
4.경건=(시1:1-6)

1.은혜=(창6:8) 5.기뻐=(약1:2)
2.통회=(사57:15) 6.인내=(히10:36)
3.자백=(요일1:9) 7.찬송=(행16:25)
4.즐거=(롬5:3)

1.은혜=(창6:8) 5.감사=(살전5:18)
2.소망=(고전13:13) 6.찬송=(엡1:6)
3.믿음=(엡3:17) 7.능력=(고후12:7-10)
4.인내=(히10:36)

1.은혜=(벧전3:7) 5.위로=(고후1:6)
2.이해=(골2:2) 6.사랑=(요일3:14)
3.존경=(롬12:10) 7.긍휼=(마5:7)
4.칭찬=(잠27:21)

1.은혜=(골1:3-6) 5.나라=(롬14:17)
2.버림=(마4:18-22) 6. 의 =(마5:6 10)
3.비움=(빌2:6-11) 7.선행=(마22:37)
4.간구=(마6:33-34)

십자가(十字架)의 도가

멸망(滅亡)하는 자(者)들에게는 미련한 것이요

구원(救援)을 얻는 우리에게는 하나님의 능력(能力)이라

기록(記錄)된바

내가 지혜(智慧) 있는 자(者)들의

지혜(智慧)를 멸(滅)하고

총명(聰明)한 자(者)들의 총명(聰明)을

폐(廢)하리라 하였으니(고전1:18-19)

반석 위에 세운 집 설계도면과 재료(진리眞理)

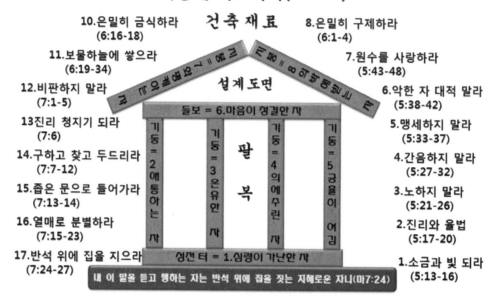

9.이렇게 기도하라(6:5-15)

10.은밀히 금식하라
(6:16-18)

건축 재료

8.은밀히 구제하라
(6:1-4)

11.보물하늘에 쌓으라
(6:19-34)

7.원수를 사랑하라
(5:43-48)

12.비판하지 말라
(7:1-5)

설계도면

6.악한 자 대적 말라
(5:38-42)

13진리 청지기 되라
(7:6)

들보 = 6.마음이 청결한 자

5.맹세하지 말라
(5:33-37)

14.구하고 찾고 두드리라
(7:7-12)

기둥=2애통하는자

기둥=3온유한자

팔복

기둥=4의에주린자

기둥=5궁휼이여김

4.간음하지 말라
(5:27-32)

15.좁은 문으로 들어가라
(7:13-14)

3.노하지 말라
(5:21-26)

16.열매로 분별하라
(7:15-23)

2.진리와 율법
(5:17-20)

17.반석 위에 집을 지으라
(7:24-27)

성전 터 = 1.심령이 가난한 자

1.소금과 빛 되라
(5:13-16)

내 이 말을 듣고 행하는 자는 반석 위에 집을 짓는 지혜로운 자니(마7:24)

귀 있는 자(者)는

성령(聖靈)이

교회(敎會)들에게 하시는 말씀을 들을지어다

이기는

그에게는

내가

하나님의 낙원(樂園)에 있는

생명(生命)나무의 과실(果實)을 주어 먹게 하리라

(계2:7)